Sentados en Lugares Celestiales

Dra. Ana Méndez Ferrell

Sentados en Lugares Celestiales

Dra. Ana Méndez Ferrell

Voice Of The Light Ministries

Sentados en Lugares Celestiales
© Dra. Ana Méndez Ferrell.
6ª Impresión revisada y aumentada 2009

Todas las referencias bíblicas han sido extraídas de la traducción Reina Valera, Revisión 1960.

Impresión: Bookmasters, OH, Estados Unidos

Publicado por:
Voice Of The Light Ministries
P. O. Box 3418
Ponte Vedra, Florida, 32004
Estados Unidos

www.VoiceOfTheLight.com

ISBN: 978-1-933163-27-7

Dedicatoria

Dedico este libro a mi Amado Padre Celestial, a Jesucristo, y al Espíritu Santo, de quienes recibí -por Su Gracia favor- las revelaciones descritas aquí.

También lo dedico a mi preciosa familia, mi esposo Emerson y mis hijos Ana, Pedro y Jordan.

Agradecimiento

Quiero dar mi más profundo agradecimiento a mis padres espirituales, mis pastores y apóstoles: Rony Chaves, a mis apóstoles en los Estados Unidos, Peter y Doris Wagner, quienes han velado profundamente por mi ministerio en Cristo Jesús.

Quiero agradecer también a mis intercesores que han peleado la buena batalla conmigo.

Contenido

Prólogo

Quienes conocemos a Ana Méndez, le conocemos como una mujer adoradora de gran valor, y de un profundo amor por su Señor y Rey Jesucristo.

Ella es una mujer apostólica y profética, cuya unción ha sido forjada en la batalla espiritual, y en la intimidad con el Señor.

Ana ha sido levantada por Dios en una hora crítica, como una profeta sensible al Espíritu, para llevar al Cuerpo de Cristo a nuevos y profundos niveles de revelación de El, y a una mayor comunión con Su presencia.

Ana Méndez, es una mujer de la Palabra, y de experiencias vivas y renovadoras con el Espíritu Santo. Ella es, literalmente, una mujer del Lugar Santísimo. De su vida íntima con su Creador, ella ha extraído lecciones maravillosas para la Iglesia. Sus vivencias y revelaciones las ha enseñado en las naciones del mundo, provocando que miles y miles busquen más el rostro del Señor.

Las verdades predicadas por Ana Méndez sobre el Reino de Dios, y ahora, escritas en este libro, nos confrontan y nos provocarán a revisar nuestra teología y nuestro cristianismo actual. Su enseñanza es como una antorcha que ilumina en la noche oscura. Es luz para este Tercer Milenio.

Este nuevo libro nos pondrá frente a temas sencillos y profundos, pero trazados a su propio estilo, y nos motivará a escudriñar la verdad en las Sagradas Escrituras.

Al conocer los diversos niveles del Reino de Dios, a través de las páginas de este libro, y al conocer la verdadera posición de autoridad el creyente, la Iglesia del Señor se proyectará a caminar una senda en la cual nunca anduvo antes. Esto la hará "poderosa" ¡Aleluya!

Prepárate querido lector, a disfrutar de un material riquísimo en elementos proféticos. Que el Espíritu Santo te ilumine para conocer las "Dimensiones Eternas de Su Reino Inconmovible". Con aprecio y amor,

Rony Chaves
Apóstol y profeta del Dios Altísimo

Comentario

Creo que Ana Méndez es una de las profetas con mayor autoridad en lo que es guerra espiritual, y en este libro, ella refleja sus experiencias vivas con el Señor.

Este libro revela de una forma impactante, algunos principios de cómo funciona el Reino de Dios. Además, nos hace saber nuestra posición como creyentes Sentados en Lugares Celestiales, donde podemos caminar en Su dominio, autoridad y señorío. Al leerlo, cambiará e impactará su vida.

En cada capítulo, usted podrá sentir la unción de Dios. Es un libro donde la autora imparte el conocimiento teórico, pero también, el conocimiento práctico.

Guillermo Maldonado
Pastor
Iglesia "El Rey Jesús"

Introducción

Hemos entrado en un nuevo milenio, y con él a la más maravillosa y excitante era de la Iglesia. Dios está trayendo sobre la tierra impresionantes olas de unción y de revelación, que llevan consigo la misión de una poderosa Reforma Apostólica.

Hace varios años, poco antes del cambio de siglo, empecé a oír un estruendo en los Cielos. Era algo continuo que no me dejaba dormir. La voz de Dios gritaba fuertemente "¡Reforma!"

El Señor empezó a sacudir mi vida. A remover todo lo removible y todo lo que podía ser conmovido para que prevaleciera lo inconmovible. Mi vida, mi forma de ver las cosas, todo comenzó a transformarse en algo nuevo y poderoso. El Espíritu Santo me llevó a releer las Escrituras, y dejar a dejar atrás mis antiguos moldes y paradigmas. El estaba forjando un nuevo odre y derramando un nuevo vino que cambiaría toda mi forma de pensar. Empecé a vivir extraordinarias experiencias en el Espíritu. He sido llevada a los Cielos muchas veces, para ver y entender cosas que han estado veladas por generaciones, pero Dios nos las quiere revelar a nosotros.

Por siglos, la creación ha gemido por ver la manifestación gloriosa de los hijos de Dios, y ha sido escuchada. Una nueva generación apostólica y profética se está levantando alrededor del mundo. Un pueblo de avanzada que no podrá ser detenido, gente de Dios que se moverá en el mayor poder de prodigios y milagros de la historia. La gloria de Jehová verídicamente será vista en ellos, y los reyes y los poderosos de la tierra correrán a ellos para encontrarse con Jesús.

Dios nos está llamando a entender las profundidades de Su Reino; a entrar a niveles espirituales como jamás lo habíamos soñado, ni siquiera concebido en nuestra imaginación. A cambiar nuestra forma de pensar terrenal y humana, que tiene limitados nuestros niveles de fe, a fin de convertirnos verídicamente en GENTE DE REINO; hijos de Dios a quienes el diablo no pueda detener, ni cerrarles puertas. Un pueblo que ha adquirido el dominio de la autoridad de Dios para gobernar con Cristo sobre la tierra.

Jesús vino a restaurar lo que se había perdido, y una de las grandes cosas que el hombre perdió, fue el reinar con Dios sobre el mundo.

"Y Dios bendijo a Adán y a su mujer y les dijo: Fructificad y multiplicaos, llenad la tierra y sojuzgadla; ejerced potestad sobre los peces del mar, las aves de los cielos y todas las bestias que se mueven sobre la tierra".   *Génesis 1:28*

Y también dice, hablando de la victoria de Jesucristo y de Su Iglesia:

"Y que el Reino, el dominio y la majestad de los reinos debajo de todo el Cielo sean dados al pueblo de los santos del Altísimo,

cuyo Reino es Reino eterno y de todos los dominios lo servirán y obedecerán".

Daniel 7:27

Estas líneas son parte del fruto de esa transformación que El ha hecho en mi vida, para enseñarnos a tener dominio y autoridad en el mundo invisible; y para cambiar toda circunstancia que se oponga al Reino de Dios.

Este es un libro de REFORMA, tanto interna, como de paradigmas. Es un libro que retará las partes más profundas de su ser, para que Dios lo tome y lo siente con El en Su trono. Aprenderá que hay una gran diferencia entre decir, "Estoy sentado con Jesús en Su trono", y saber sin lugar a dudas, que El lo ha tomado de la mano, y lo ha sentado ahí. Saber que usted reina con El.

"Al que venciere le daré que se siente conmigo en mi Trono, así como Yo he vencido y me he sentado con mi Padre en Su trono".

Apocalipsis 3:21

Estas páginas lo llevarán también a abrirse y entender el ámbito espiritual; a poder penetrar los lugares más hermosos en las dimensiones del Espíritu. Lo llevarán a ver y a conocer a Dios cara a cara, no cuando se muera, sino aquí y ahora. Encontrará verdades que lo sacudirán, y confrontarán toda su forma de ver las cosas. Se caerán velos que jamás había pensado siquiera que existían; esto hará que el Reino de Dios se abra ante usted en una forma extraordinaria.

Usted ha sido escogido antes de que el mundo fuese, para formar parte de la era más gloriosa de la Iglesia. Desde que usted nació, su espíritu ya venía sellado con un sello de gloria.

La palabra dice, "no me escogisteis vosotros a mí, sino que YO OS ESCOGI A VOSOTROS".

Y nos eligió con un propósito, "Y os he puesto para que vayáis y llevéis fruto y vuestro fruto permanezca; para que TODO lo que pidáis al Padre en mi nombre, El os lo dé".

Aquí narro varias de las más preciosas experiencias que he tenido con Dios. Al leerlas, se va a dar cuenta, que el lenguaje que uso es diferente de lo que está acostumbrado a oír o a leer. Y lo hago de esta manera, con el propósito de que anhele también entrar en las dimensiones que Dios ha preparado para usted. Lo que yo le prometo, es que el Señor está ansioso de revelarse a su vida, y que, el que busca, encuentra; el que toca, le será abierto; y el que a El viene, Jesús no lo echa fuera.

Jesús viene y se revela más y más extraordinariamente según el hambre y la sed que tengamos de El y de Su Reino. Alguien dijo alguna vez, "Muéstrame tu hambre, con tu denuedo, muéstrame tu búsqueda, con tu perseverancia, y entonces creeré que lo alcanzarás".

Mi oración al escribir este libro, es que creé en usted tanta hambre de conocer a Dios y de poseer Su Reino, que no cese hasta que todo lo que está aquí escrito se cumpla en su vida.

1

DIOS ES UN DIOS DE DISEÑOS

"Porque Yo sé los planes que tengo para vosotros - declara el Señor – planes de bienestar y no de calamidad, para daros un futuro y una esperanza".   *Jeremías 29:11*

"Todas estas cosas, dijo David, me fueron trazadas por la mano de Jehová, que me hizo entender todas las obras del diseño".

1 Crónicas 28:19

Dios es un Dios de diseños, de orden, de planes y proyectos gloriosamente estructurados. Todo lo que El hizo funciona en una forma matemáticamente perfecta y extraordinaria. Cuando veo el universo simplemente me maravillo de la exactitud con que todo se desarrolla. El está ciertamente en control de cada día, de cada noche, y conoce por nombre cada una de las estrellas.

Todo el ecosistema de nuestro planeta esta perfectamente cuidado y dirigido por Dios. Como El mismo nos enseña, las aves ni siembran ni siegan, y Dios las alimenta y las protege. El viste de fiesta cada primavera, y de pureza el invierno; todo es hermoso y perfecto en su tiempo.

He pasado noches enteras en la selva, donde la mano del hombre aún no ha entrado a corromper nada, donde para llegar, uno tiene que volar millas y millas observando desde los aires, una extensa e impenetrable alfombra verde. Allá dentro hay un mundo de millones de diferentes especies de vida animal y vegetal, que por miles de años se han ido renovando; muriendo unas, naciendo otras, y todo funciona por siglos y siglos en un orden perfecto.

Me maravillo observando Su creación… *"todo fue hecho por El y para El"*. Me gozo de escuchar y discernir la sabiduría inefable de Dios que hay en cada estructura de Sus diseños. Cada cosa creada desde su ínfima composición molecular habla de Dios y alaba a Dios.

"Porque lo que de Dios se conoce les es manifiesto, pues Dios se los manifestó. Porque las cosas invisibles de El Su eterno poder y deidad se hacen claramente visibles desde la creación del mundo, siendo entendidas por medio de las cosas hechas".

Romanos 1:19-20

Dios no hace nada al azar ni por emoción, todo lo hace conforme a Sus modelos, y Dios Mismo se ciñe a los trazos de Sus diseños. Muchas veces hemos fallado como Iglesia, porque queremos que Dios se someta y responda a planes de hombres, y la verdad es que Dios sólo actúa conforme a los que El ha diseñado.

En el albor de un nuevo milenio, Dios nos está revelando las estructuras que producirán la mayor manifestación de Su gloria, y que son sin lugar a duda, un fundamento de Su reino. Estamos viviendo los tiempos más emocionantes de toda la historia de la humanidad. Generación tras generación ha querido ver y vivir las cosas que Dios preparó para nosotros. Cosas que ojo no vio, ni oído oyó, ni han subido en corazón de hombre, son las cosas que nosotros estamos ya experimentando. Ciertamente la gloria de la casa postrera será mayor que la primera.

PRIMER DISEÑO: ¿QUIENES SOMOS?

Entender quienes somos, realmente, es lo que abre la puerta a los grandes tesoros que Dios tiene para nosotros. Esta es la entrada del conocimiento más extraordinario del amor y del poder de Dios. Es en esta pequeña gran llave, donde radica la diferencia entre la vida victoriosa, llena del resplandor de Dios, y una vida fracasada y de limitado poder. Para entender esto en plenitud, tenemos que considerar una verdad fundamental, y esta es, que el hombre es esencialmente espíritu. El hombre "NO TIENE" un espíritu dentro de sí mismo; el Hombre "ES ESPÍRITU".

EL HOMBRE ES UN ESPÍRITU, QUE HABITA EN UN CUERPO QUE SE COMUNICA Y PERCIBE EL MUNDO EXTERIOR A TRAVÉS DE UN ALMA.

De la misma manera que el hombre natural puede ver, oír y percibir el mundo material; el espíritu del hombre puede ver, oír y percibir el mundo espiritual. Cuando entiendo que soy un espíritu, no tengo que hacer un gran esfuerzo para ser espiritual, porque eso es lo que soy.

Si al contrario, creo que soy un ser de carne y hueso que tiene un espíritu, me costará mucho trabajo creer que puedo ser espiritual. Mi mente hará un sinnúmero de conjeturas esforzándose en ser espiritual, lo que acabará frustrándome. Tengo que entender que no hay posibilidad de que un espíritu no sea espiritual.

Usted querido lector, es un espíritu, y por lo tanto, tiene todo lo que se necesita para ser espiritual. Nuestro espíritu salió de Dios; El nos conoce desde antes de la fundación del mundo, porque estábamos en El, y salimos de El.

Antes de venir a Cristo, nuestro espíritu estaba despierto al mundo espiritual de las tinieblas, pero muerto a Dios por causa del pecado. Cuando venimos a El, a través de una genuina conversión, por medio de un sincero arrepentimiento, aceptando Su sacrificio en la cruz; nuestro espíritu vuelve a vivir para Dios.

Ahora, no solamente somos un espíritu, sino que la Palabra de Dios dice algo que cambia toda nuestra percepción de las cosas: *"Pero el que se une al Señor, un espíritu es con El"*.

1 Corintios 6:17

¿Se da cuenta amado lector lo que esto significa? Tome unos minutos y deje que estas palabras penetren todo su ser.... "Usted es un espíritu con Jesús". Esto quiere decir que no somos dos espíritus separados, El por ahí lejos en el Cielo, y usted aquí buscando ser espiritual. UN ESPÍRITU, significa que El se ha amalgamado de tal manera con mi espíritu, que ya no se donde El empieza y yo termino, ni donde El termina y yo empiezo. Cuando esto se vuelve un tesoro de profunda meditación en la vida, todo empieza a cambiar dentro y fuera de uno.

Todo hombre que nació de nuevo, ha unido su espíritu a Dios, y por lo tanto puede conocerlo íntimamente y escuchar Su voz. El hombre natural en nosotros, el que todos vemos y escuchamos con nuestros sentidos físicos, es el que percibe el mundo natural y el hombre espiritual, que es nuestro espíritu, es el que sintoniza con el mundo espiritual.

En la medida que el ser humano va madurando su relación y su conocimiento de Dios, el mundo espiritual se va haciendo mucho más perceptible. Con esto no me refiero a un conocimiento doctrinal acerca de Dios, sino a un encuentro vital y continuo entre los dos espíritus, el de Dios y el de usted.

Podemos pasar horas leyendo la Biblia, memorizar cientos de versículos, cotejar y vincular pasajes de la Escritura hasta entender mucho de cómo Dios es; y a pesar de todo ese esfuerzo, nos encontrarnos con que nunca hemos tenido una experiencia que nos haga conocerlo cara a cara. Eso nos dice que tenemos un oído espiritual tan débil que prácticamente no oímos la voz de Dios. La verdad es que necesitamos pasar tiempo con Dios en la quietud del espíritu. Debemos aprender a interiorizarnos con El de tal manera, que sólo se escuche la voz del Espíritu. Tenemos que aprender a callar el intenso ruido de nuestros pensamientos y de nuestras estructuras mentales, tan llenas de errores, altivez, incredulidad, carnalidad y doctrinas de hombres.

Me gusta pasar horas enteras tan sólo sintiendo Su presencia. A veces me permite verlo a cara descubierta; otras veces solo conversamos. He visto cosas inefables en los Cielos, porque me ha llevado a cámaras de profundos misterios. El mundo espiritual es Cristo Mismo revelándose: *"En El nos movemos, estamos y somos".*

Esta es la piedra angular de la Iglesia, la revelación de Cristo al corazón del hombre en todas Sus facetas y profundidad. Cuando Jesús preguntó a Sus discípulos:

"¿Quién decís vosotros que Yo soy? Respondiendo Simón Pedro dijo: Tú eres el Cristo, el Hijo del Dios viviente. Entonces le respondió Jesús: Bienaventurado eres, Simón, hijo de Jonás, porque no te lo REVELO carne ni sangre, sino mi Padre que está en los Cielos. Y Yo también te digo, que tú eres Pedro, y sobre esta roca edificaré mi Iglesia; y las puertas del Hades no prevalecerán contra ella. Y a ti te daré las llaves del Reino de los Cielos; y todo lo que atares en la tierra será atado en los Cielos; y todo lo que desatares en la tierra será desatado en los Cielos".

Mateo 16:15-19

Lo que le está diciendo Jesús, en otras palabras es, "Tú eres Pedro. Tú eres como una roca inamovible, por causa de la revelación de Cristo en ti. Cristo revelado en ti, en toda la expresión de lo que El es da la autoridad en los Cielos y en la tierra para gobernar en el mundo espiritual, así como en el mundo natural. Y con la autoridad que proviene de esta revelación, el reino de las tinieblas no podrá prevalecer contra ti."

Cristo quiere revelarse en nuestros días como jamás se ha revelado a ninguna otra generación. Dios quiere levantar una Iglesia sobrenatural que le conozca a Él en lo profundo de Su Espíritu. Un pueblo cuyo poder y autoridad sean el fruto de un conocimientos intimo y revelado de Cristo en nosotros, que es la esperanza de gloria.

Hay un manto profético de revelación que está cayendo sobre la Iglesia. La llamada a ser la esposa del Cordero. Apocalipsis 19:10 dice: *"El Espíritu de profecía es el testimonio de Jesucristo".*

Dios esta trayendo un mover profético sin precedentes porque El quiere revelar a Cristo en toda Su plenitud, para que en esa revelación los Cielos y la tierra operen en un sólo ámbito unido por Cristo Jesús.

SEGUNDO DISEÑO: LA UNIÓN DE LOS CIELOS Y LA TIERRA

Jesús tiene un plan glorioso para nosotros y lo muestra a través del Apóstol Pablo en el libro a los Efesios 1:9-10.

"Dándonos a conocer el misterio de Su voluntad, según Su beneplácito, el cual se había propuesto en Sí Mismo, de reunir todas las cosas en Cristo, en la dispensación del cumplimiento de los tiempos, así las que están en los cielos, como las que están en la tierra".

Esto significa, que Dios no solamente ha planeado revelar los diseños y estructuras de Su Reino Celestial, sino que también venga sobre nosotros una precipitación del Cielo sobre la tierra, tal y como fue en un principio en el Jardín del Edén. La Biblia dice que hubo un Edén antes de la creación del hombre, cuando Luzbel aún moraba en los Cielos.

"Tú eras el sello de la perfección, lleno de sabiduría, y acabado de hermosura. En Edén, en el huerto de Dios estuviste; de toda piedra preciosa era tu vestidura".   *Ezequiel 28:12 y 13*

Cuando Dios creó al hombre, lo puso en el huerto del Edén en la tierra, pero en aquél entonces nada separaba a Dios del Hombre, y nada dividía tampoco los Cielos y la tierra. Adán podía ver con sus ojos naturales sus vestiduras espirituales, y pasearse con Dios en el fresco de la tarde. Así será también, el nivel de revelación que experimentará la Iglesia gloriosa de los últimos tiempos.

El testimonio de Cristo, el Espíritu de la profecía, es uno de los fundamentos más importantes para lo que Dios quiere hacer en nuestros días (Apocalipsis 19:10). El testimonio de Jesucristo es eterno, todo fue creado por El y para El. De lo invisible que es El, salió toda la materia que constituyó el universo. Todo está sustentado por Su diestra. La esencia profunda de lo profético, es que El sea revelado, que la luz de Su gloria abra los ojos de nuestro espíritu, y podamos experimentarlo, sentirlo y verlo, tal y como se manifiesta en los cielos.

Dios está desplegando los Cielos en una forma nueva y extraordinaria para todo aquel que quiera extenderse hacia un llamado más alto y más sublime. Para todo aquel que quiera dejar los viejos moldes de una Iglesia tradicional y entrar a un nuevo mover de Su Espíritu. Este es el nacimiento de una Reforma Apostólica y Profética, que llevará a la Iglesia a su máximo poder, triunfo y conocimiento revelado de Dios. Una Iglesia, que literalmente se sentará en los lugares celestiales con Cristo. No como una posición teológica, como lo hemos visto hasta ahora, en donde la gente proclama esta postura de poder, pero que la realidad ha sido una Iglesia limitada en la manifestación de toda sobrenaturalidad de Dios.

La Reforma Apostólica y Profética es un cambio substancial que Dios está haciendo en Su Iglesia. Es la revelación de Cristo como Profeta y como Apóstol, que trae el cumplimiento de toda Palabra que El ha hablado, y ha manifestado de los Cielos sobre la tierra. Esta reforma es la fuerza de Su gobierno glorioso sobre todo lo creado a través de Su cuerpo: la Iglesia.

En esta Nueva Reforma, Dios está escogiendo a los que gobernarán con El ahora y para siempre, posicionándolos en una dimensión diferente de entendimiento espiritual y de comunión con El. Muchos alrededor de la tierra están siendo arrebatados al tercer Cielo en una experiencia en que Dios los está adiestrando en forma excepcional. En capítulos posteriores profundizaré en este punto.

Dios está revelando el mundo espiritual de las tinieblas en una forma como jamás habíamos imaginado. Jesús se propuso en Sí Mismo, conforme a Su beneplácito, unir en El todas las cosas en la dispensación del cumplimiento de los tiempos, así las que están en los Cielos como las que están en la tierra.

La oración de millones de creyentes, a quienes se les está dando el entendimiento de los diseños celestiales, están haciendo descender los diseños y el gobierno de Dios sobre la tierra.

Desde la tierra, los creyentes están soltando el poder para hacer descender los Cielos. Desde los Cielos, Dios está levantando a los creyentes y trayendo la tierra hacia Sí Mismo. Entre los dos, el segundo Cielo será aplastado.

¡TERREMOTO TRAS TERREMOTO SUFRE EL REINO DE LAS TINIEBLAS, Y ABAJO LA TIERRA TAMBIÉN SE ESTA SACUDIENDO!

TERCER DISEÑO: EL ENTENDIMIENTO DEL MUNDO ESPIRITUAL

Dios le revela al profeta Daniel la era que estamos viviendo:

"En aquel tiempo se levantará Miguel, el gran príncipe que está de parte de los hijos de tu pueblo; y será tiempo de angustia, cual nunca fue desde que hubo gente hasta entonces; pero en aquel tiempo será libertado tu pueblo, todos los que se hallen escritos en el libro. Y muchos de los que duermen en el polvo de la tierra serán despertados, unos para vida eterna, y otros para vergüenza y confusión perpetua. LOS ENTENDIDOS resplandecerán como el resplandor del firmamento; y los que enseñan la justicia a la multitud, como las estrellas a perpetua eternidad".

Daniel 12:1-3

Estos entendidos no se refieren a los que tienen el mensaje de salvación, sino a los que entienden los diseños, los tiempos y la obra que Dios está haciendo en nuestros días. Son gente que hace una diferencia en el reino de las tinieblas, puesto que resplandecen. Son hijos de Dios que entienden el gobierno espiritual, puesto que enseñan la Justicia, que es como veremos más adelante, uno de los cimientos de fundamento del Trono y del Reino de Dios.

Miguel, jefe de los ejércitos de Dios, se ha levantado para pelear en los aires la batalla que desatará la mayor cosecha de todos los tiempos. "Todos los que están escritos en el libro". Estos son los llamados a ser salvos, conforme a los diseños de Dios en sus vidas, pero aún no son lo que son, puesto que han de ser libertados. Al ver esta acción conducida por Miguel, vemos un indiscutible mover de guerra espiritual y una serie de "entendidos" que tienen la luz y la capacidad en el espíritu, para entender lo que esta sucediendo en el ámbito de lo espiritual.

Lo que Dios nos lleva a entender, es que nos movemos simultáneamente en dos dimensiones vinculadas la una con la otra: el mundo natural y el mundo espiritual. De entre los dos, el que tiene más fuerza, por ser una realidad eterna, es el mundo espiritual. Es este mundo el que AFECTA, TRANSFORMA, MODIFICA, RIGE Y ESTRUCTURA el mundo natural. Lo que sucede en el mundo espiritual, DETERMINA LA HISTORIA del mundo natural. Por tanto, si queremos cambiar el mundo que nos rodea, transformar nuestras comunidades, afectar el pensamiento y la idiosincrasia de una nación, es indispensable producir estos cambios primeramente en la dimensión espiritual.

El mundo espiritual consta básica y esencialmente de dos reinos:
El Reino de la Luz.
El reino de las tinieblas.

El reino de las tinieblas opera como un gobierno espiritual sobre casi toda la tierra. Eclesiastés 5:8 dice:

"Si opresión de pobres y perversión de derecho y de justicia vieres en la provincia, no te maravilles de ello; porque sobre el alto vigila otro más alto, y uno más alto está sobre ellos".

Aquí se ve claramente, como una estructura de je
de opresión afecta el mundo natural. Dios le permitió al A
Pablo entender el mundo espiritual, mirar en él y revelárno
a través de sus Epístolas. Yo creo, y éste es solo mi parecer,
que cuando él fue arrebatado al tercer Cielo, él vio los diseños
de Dios, y se le permitió ver desde arriba todo el organigrama
estructural del reino de las tinieblas. Creo esto, por la forma en la
que él trata de comunicar a los Efesios los diferentes niveles de
poderes demoníacos en las regiones celestes.

El habla de principados, de potestades, de gobernadores
de las tinieblas, de huestes de maldad, y estos, no son sinónimos
de la palabra demonios, sino una estructura claramente entendida
del reino de las tinieblas. En la Epístola de los Colosenses añade
otras dos jerarquías que están sobre estas que mencionamos y
que son: **tronos y dominios.** Pablo nos habla de estas cosas
porque son obviamente importantes para entender el mundo
espiritual.

Algo que es innegablemente cierto, es que entre más
conozcamos acerca del mundo espiritual, más fácil nos será
aplicar los principios del Reino de la Luz que desplazan al mundo
de las tinieblas. Por tanto, el propósito de estas líneas es ayudarte
a entender, tanto los diseños de Dios como los diseños del diablo
para poder llevar a la Iglesia a la victoria que Cristo conquistó
para ella en la Cruz del Calvario.

CIUDADES ESPIRITUALES

Dios nos revela el mundo espiritual a través de Su
Palabra, por medio de figuras, símbolos, parábolas, analogías con
acontecimientos históricos; así como, por claras descripciones de
Su Reino, reveladas a los profetas e inequívocas intervenciones

iales. Una enseñanza que hemos aprendido
al Dr. Morris Cerullo, es que TODA VERDAD
)ase a esto, podemos observar como las
de los siglos, han edificado ciudades para
lades son asientos de gobierno.

Es en las principales ciudades de una nación, donde se encuentran los organismos sociales que rigen la historia y el desarrollo de cada país. En las ciudades se establecen los principales templos religiosos, así como también, las instituciones financieras que sostienen a la población. Es por eso que cuando hablamos de gobierno y de diseños, el concepto de ciudad es uno de los más importantes que podemos estudiar.

El libro de Apocalipsis nos revela este tipo de estructura de tinieblas en el capítulo 17, versículo 18:

"Y la mujer que has visto es la gran ciudad que reina sobre los reyes de la tierra".

Por muchas razones podemos saber que no se refiere a una ciudad específica sobre la faz de la tierra, sino más bien, a una estructura de gobierno demoníaco simbolizado a través de la figura de una ciudad. Dice la Palabra que esta estructura de tinieblas reina en tiempo presente, por lo que no es algo que se manifestará en el futuro.

Esta mujer, es también llamada la Gran Babilonia. Sabemos que los principios Babilónicos de confusión, como su nombre lo indica, (Babel = confusión) operan en todas las naciones, a través de las falsas religiones, sincretismos filosóficos o dictaduras que alejan al hombre de Dios. Esto ocurre desde los tiempos de la torre de Babel hasta nuestros días. Luego existe una formación o estructura espiritual en las regiones celestes de la cual dependen los diversos gobiernos demoníacos sobre la faz de la tierra. No solo existe una ciudad de tinieblas que gobierna las naciones, sino que también, una ciudad celestial y unos diseños divinos, que son los que Dios quiere establecer sobre la tierra. Y es acerca de ella que queremos hablar en el desarrollo de este libro.

Ezequiel, quien viera la gloria de Dios, y que fuera innumerables veces inmerso en los diseños de Dios, fue transportado en el espíritu para ver esta gran estructura en los Cielos.

"En visiones de Dios me llevó a la tierra de Israel, y me puso sobre un monte muy alto, sobre el cual había un edificio parecido a UNA GRAN CIUDAD, hacia la parte sur. Me llevó allí, y he aquí un varón, cuyo aspecto era como aspecto de bronce; y tenía un cordel de lino en su mano, y una caña de medir; y él estaba a la puerta. Y me habló aquel varón, diciendo: Hijo de hombre, mira con tus ojos, y oye con tus oídos, y pon tu corazón a todas las cosas que te muestro; porque para que yo te las mostrase has sido traído aquí. Cuenta todo lo que ves a la casa de Israel".

Ezequiel 40:2-4

Dios le dice que vea, que oiga y que ponga su corazón en ella, y aquí hay una clave para que sean reveladas las profundidades más impactantes del Reino de los Cielos. Al Profeta Daniel, a quien Dios le abriera el mundo espiritual para ver una de las más extraordinarias batallas angélicas, dijo:

"Aún estaba hablando en oración, cuando el varón Gabriel, a quien había visto en la visión al principio, volando con presteza, vino a mí como a la hora del sacrificio de la tarde. Y me hizo entender, y habló conmigo, diciendo: Daniel, ahora he salido para

darte sabiduría y entendimiento. Al principio de tus ruegos fue
dada la orden, y yo he venido para enseñártela, porque tú eres
muy amado. Entiende, pues, la orden, y entiende la visión".

Daniel 9:21-23

El gran mover profético que Dios soltó sobre Daniel para la liberación de Israel, fue desatado sobre un hombre que añoraba entender los diseños que traían de vuelta a Dios, y que sacarían del cautiverio a Su pueblo. Oró, rogó, confesó el pecado de su pueblo. No cesó hasta que sacudió literalmente las estructuras del gobierno en el segundo Cielo. La oración activó a Gabriel y le fue dado el entendimiento para movilizar los Cielos.

Le puedo decir amado lector, sin temor a equivocarme, que ese mismo Gabriel, está siendo movilizado por Dios para traer la revelación y el entendimiento para establecer conforme a los diseños de Dios, la gran ciudad celestial y el gobierno de Dios sobre la tierra. Dios está enviando a Su ejército de ángeles sobre todas las naciones para que junto con la Iglesia, lleven a cabo Sus planes.

"¿No son todos espíritus ministradores, enviados para servicio a
favor de los que serán herederos de la salvación?"

Hebreos 1:14

El ángel que hablaba a Ezequiel en la gran revelación de la ciudad celestial le dijo:

"Y si se avergonzaren de todo lo que han hecho, hazles entender
el diseño de la casa".   *Ezequiel 43:11*

Un glorioso mover de oración, de clamor y una sincera sed de buscar a Dios se han desatado sobre todo el mundo. La revelación está viniendo sobre la faz de la tierra como nunca antes y un poderoso despertar de la unción profética y apostólica están descendiendo de lo alto.

CUARTO DISEÑO: EL REINO DE DIOS ESTÁ EN MEDIO DE NOSOTROS PARA GOBERNAR LA TIERRA

Cuando hablamos de reinos, tanto el de la luz como el de las tinieblas, estamos refiriéndonos a sistemas de gobierno. Un reino existe con el propósito de regir a través de una estructura de poder, de pensamiento, de comportamiento, de leyes, de economía, etc., y somete bajo su régimen a todos sus súbditos. En la tierra cada gobierno está reconocido por los habitantes de los respectivos países, y los pueblos se someten cada uno a sus reyes o presidentes. El Reino de los Cielos está por manifestarse en una forma sorprendente. El diseño de Dios es gobernar, y Jesús está escogiendo a aquellos que gobernarán con El en este tiempo y para siempre.

La misión de los diversos ministerios de Cristo Jesús, es establecer el Reino de Dios sobre la faz del planeta, y para que esto suceda, necesitamos entender cómo funciona el Reino. La gran lucha, es como desarraigar el gobierno del diablo y establecer el gobierno de Dios. Es por tanto una guerra, no entre seres aislados luchando cada uno por su pedacito de tierra, como si fuéramos nómadas del desierto; sino una fiera batalla en el mundo espiritual, que desalojará un gobierno para establecer otro.

Hasta ahora nos hemos conformado como personas individuales en que algunos de los principios del Reino de Dios se establezcan en nuestras propias vidas, y en algunos de los miembros de nuestras comunidades. Sin embargo, la voluntad de Dios para nuestros tiempos, va mucho más allá. El corazón de Dios quiere gobernar sobre naciones enteras, y sobre todo el mundo. Dios no está conforme con un pequeño remanente, de gente aparentemente fiel, que en el fondo están peleados y criticándose los unos a los otros. Dios quiere reinar sobre cada nación. Su diseño final, es que los Cielos y la tierra sean uno solo en Cristo Jesús. El es Rey en los Cielos y quiere ser efectiva y verídicamente Rey sobre la tierra a través de Su pueblo.

¿Nuestra oración diaria no es acaso "Hágase tu voluntad como en el Cielo, así también en la tierra?" "¿Haz que tu Reino venga?" No podemos traer el Reino de los Cielos sobre nosotros si no entendemos qué es reino y qué es gobierno.

Cuando me refiero a gobierno espiritual, no me estoy refiriendo al orden gubernamental de la Iglesia local, ni a un sistema de jerarquías que controlen al pueblo de Dios, sino algo más alto. Me refiero al sublime gobierno de los Cielos sobre las naciones de la tierra y sobre toda cosa creada. Jesús nos dio, a través de Su victoria en la cruz, todo el poder contra el imperio de las tinieblas:

"He aquí os doy potestad de hollar serpientes y escorpiones, y sobre toda fuerza del enemigo, y nada os dañará".
Lucas 10:19

La autoridad tiene que ver con principios del Reino de Dios. Una gran mayoría de cristianos no tienen ni la más mínima autoridad, porque viven en forma independiente, desestructurados y errantes. Y no me refiero solo a creyentes miembros de una Iglesia, sino a Iglesias enteras que son tan solo como una pequeña tribu desligada de toda unidad del Reino.

Lo triste, es que satanás y su gente entienden con mucho más claridad los principios espirituales que la generalidad de los cristianos. El sabe que toda ley espiritual se origina en Dios, y lo que hace es tomar estos principios, pervertirlos y hacerlos funcionar. De esta forma nos aventaja en muchas maneras.

Viene a mi mente la historia de diversos pueblos que vivieron dispersos, como los pueblos nómadas de los desiertos de Africa y Arabia. No tenían poder ni autoridad hasta que un hombre con "visión de reino", los unió bajo el gran Imperio conocido hoy como las naciones Islámicas. Mahoma, su líder, profeta como ellos lo llaman, entendió que para gobernar y establecer los violentos y crueles principios del Islam, tenía que unir tribus dispersas. Hoy la lucha para liberar de la esclavitud a millones de musulmanes es una férrea batalla contra un gobierno fuertemente organizado en el segundo Cielo.

Lo que Dios quiere que entendamos, es que la autoridad que El nos dio, no es tan solo para liberar endemoniados y sanar enfermos, sino que tiene que ver con gobernar con Cristo Jesús. En lo natural, la fuerza de un país radica en la unidad, solidaridad de sus habitantes, su compromiso y su conciencia como nación. Se trata de qué tanto la gente confía en sus gobernantes y cómo éstos dan la vida por los ideales de su patria. Depende también del poder de sus ejércitos, de la fuerza de sus vínculos internacionales que reposa en la confianza y el anhelo financiero de sus habitantes. Y todo esto hace que la nación crezca y sea prospera, pero sobre todas las cosas depende de quién sea su Dios.

"Bienaventurada la nación cuyo Dios es Jehová, el pueblo que El escogió como heredad para Sí".

Salmo 33:12

Vemos este mismo patrón en los planes de Dios para nuestros días. Consideremos a Israel durante todo el tiempo de la diáspora o dispersión de los Judíos, el pueblo de Dios en la carne fue gente aislada y reunida en pequeñas comunidades. Eran un pueblo unido por los principios de Dios, y por sus vínculos de sangre; pero no eran una nación. No tenían ningún poder sobre la tierra, ni opinión, ni derechos.

Un pueblo sin gobierno que a cualquiera que quiso perseguirlos, matarlos, humillarlos y robarlos, lo hizo. El tiempo llegó en que Dios los unió desde todos los confines de la tierra, y no importó si eran más legalistas u ortodoxos, o sencillos en su fe. Olvidados, extraños y advenedizos entre las naciones, Dios los empezó a visitar. Sus corazones empezaron a dirigirse hacia una sola dirección: ¡Ser una nación establecida, reconocida por el mundo, y habitando la tierra que Dios una vez les entregó!

Una unción de unidad, de fe y de gobierno cayó sobre millones de Judíos, y en 1948 se firmaba el decreto: "Israel era ya una nación" LOS DISEÑOS DE DIOS SE CUMPLIERON EN LA TIERRA".

Lo mismo está sucediendo en la Iglesia de Jesucristo, la Israel espiritual. El diseño de Dios no es un montón de pequeñas Iglesias o denominaciones aisladas y dispersas en medio de naciones que son gobernadas por principios diabólicos, que al igual que a Israel humillan, persiguen y matan. El diseño de Dios, es una nación espiritual que gobierne sobre todos los reinos de la tierra.

"Mas vosotros sois linaje escogido, real sacerdocio, nación santa, pueblo adquirido por Dios".

1 Pedro 2:9

Y también dice de ésta gran nación, simbolizada por el monte de Sión:

"Acontecerá en lo postrero de los tiempos, que será confirmado el monte de la casa de Jehová como cabeza de los montes, y será exaltado sobre los collados, y correrán a él todas las naciones".

Isaías 2:2

Los montes son símbolo de gobierno, de reinos establecidos y puestos en alto para regir todo lo que está por debajo de ellos.

"Por la fe Abraham, siendo llamado, obedeció para salir al lugar que había de recibir como herencia; y salió sin saber a dónde iba. Por la fe habitó como extranjero en la tierra prometida como en tierra ajena, morando en tiendas con Isaac y Jacob, coherederos de la misma promesa; porque esperaba la ciudad que tiene fundamentos, cuyo arquitecto y constructor es Dios".

Hebreos 11:9-10

Dios quiere que dejemos de ser el pueblo abatido y sojuzgado por los faraones de nuestros días, y seamos la ciudad llena del poder de Dios que entra a poseer la tierra. La nación a la que el diablo y todos nuestros enemigos temen, porque se ve el resplandor de la gloria de Jehová de los ejércitos sobre ella.

"Levántate, resplandece; porque ha venido tu luz, y la gloria de Jehová ha nacido sobre ti. Porque he aquí que tinieblas cubrirán la tierra, y oscuridad las naciones; mas sobre ti amanecerá Jehová, y sobre ti será vista Su gloria. Y andarán las naciones a tu luz, y los reyes al resplandor de tu nacimiento".   *Isaías 60:1-3*

La gloria será visible y la Iglesia, la nación de Dios, gobernará sobre todos los reinos de la tierra. Desde que vine a los pies de Jesucristo, he sabido que es la Iglesia de nuestro Señor la que tiene el poder sobre cualquier forma de mal, y contra cualquier organización de las tinieblas. Me he enfrentado, a través del ministerio de guerra con varios de los poderes del diablo quizás los más fuertes sobre la tierra. En varias ocasiones, Dios me ha permitido enfrentar cara a cara a satanás. He visto innumerables victorias sobre el imperio del mal en casi todas sus formas, no sólo en mi ministerio, sino en otros poderosos ministerios de guerra y liberación en la tierra.

Por tanto, sé de viva experiencia que no hay poder más grande en el universo que el de Jesucristo y el que El otorga a Sus siervos.

Sin embargo, aunque Dios está en control sobre toda la tierra, y nada sucede sin Su voluntad, vemos que los principios de Dios no son la entidad gobernante sobre las naciones. Como dice el libro de Hebreos 2:8.

"Todo lo sujetaste bajo Sus pies. Porque en cuanto le sujetó todas las cosas, nada dejó que no sea sujeto a El; pero todavía no vemos que todas las cosas le sean sujetas".

Y también dice: *"Pero Cristo, habiendo ofrecido una vez para siempre un solo sacrificio por los pecados, se ha sentado a la diestra de Dios, de ahí en adelante esperando hasta que Sus enemigos sean puestos por estrado de Sus pies..."*

Hebreos 10:12-13

Al decir, está esperando a que sean puestos, claramente indica que alguien más lo hará, y éste alguien es Su Iglesia.

Volviendo a lo que palpita en mis venas, y es que la autoridad de Jesús está por encima de toda otra autoridad; me sucedió algo que cambio toda mi perspectiva de ver las cosas. Dios empezó a develar dentro de mí una visión que me sacudía de horror. Veía la fuerza aplastante del imperio de las tinieblas, cuyos ejércitos estaban organizados, sus generales coordinados, y sus frentes de apoyo perfectamente distribuidos sobre la tierra.

Todos peleaban por una misma causa. Sus principados y gobernadores estaban conjuntados y perfectamente estructurados para llevar a cabo los planes de satanás, en las más altas esferas politícas, económicas y religiosas sobre la faz del planeta. Tenía colocados a impresionantes jerarcas de las tinieblas bajo la forma de sociedades secretas. No solo gobernaba en los ámbitos visibles de los gobiernos terrenales; sino que protegía sus diabólicos planes, a través de poderes subterráneos, que eran indetectables en la superficie, y por tanto, casi indestructibles. Tenía redes de nutrición y abastecimiento que lo fortalecían desde todas partes del mundo. Millones de demonios salían por todo el mundo, incitando a la gente a pecar y a derramar sangre.

Esto hacia que los muros de sus fortalezas se hicieran más robustos e infranqueables. Tenía bajo su control las riquezas de los poderosos de la tierra. Vi a sus ejércitos obedecer a una, cuando eran enviados a destruir Iglesias y a acabar con los ministros de Dios. Los más atacados eran los que estaban solos. Los vi entrando a iglesias y práctica-mente no había oposición cuando eran enviados espíritus de soberbia, de autosuficiencia, de chisme y de división, de sexo, codicia y poder.

Vi a la Iglesia como pequeñas lucecitas dispersas en las naciones, queriendo luchar contra un gobierno organizado y terriblemente macabro. Mientras mi corazón se compungía con la visión, Dios confortaba mi alma y me decía: "No desmaye tu corazón ante la visión, porque el tiempo ha llegado en que Yo me manifestaré para gobernar la tierra. Los Cielos y la tierra son uno en mí. Yo estoy escogiendo a los que gobernarán conmigo".

Mientras hablaba, como un relámpago venía a mi espíritu la palabra dice que:

"Pelearán contra el Cordero, y el Cordero los vencerá, porque El es Señor de señores y Rey de reyes; y los que están con El son llamados y elegidos y fieles".   *Apocalipsis 17:14*

La pregunta que inevitablemente surge es ¿Cómo lograrlo? ¿Cómo está estructurado el reino de las tinieblas? ¿Cómo dilucidar el conflicto para poder vencer? ¿Cuáles son las gloriosas revelaciones del Reino de Dios, que nos darán la victoria total?

Dios está abriendo el Libro de nuestro tiempo, y la entrada a poseer el Reino de Dios está delante de nosotros. El propósito de estas páginas, es dar a conocer la revelación que Dios me dio de las cosas que están por suceder, para que gobierne sobre la tierra a través de Su Iglesia.

SECCION I

PRINCIPIOS DEL REINO

2

EL TRONO DE DIOS

"Estuve mirando hasta que fueron puestos tronos, y se sentó un Anciano de Días, cuyo vestido era blanco como la nieve, y el pelo de Su cabeza como lana limpia; Su Trono llama de fuego, y las ruedas del mismo, fuego ardiente. Un río de fuego procedía y salía de delante de El; millares de millares le servían, y millones de millones asistían delante de El; el Juez se sentó, y los libros fueron abiertos".

Miraba yo en la visión de la noche, y he aquí con las nubes del cielo venía uno como un Hijo de hombre, que vino hasta el Anciano de Días, y le hicieron acercarse delante de El".

Daniel 7:9-10

"Y le fue dado dominio, gloria y reino, para que todos los pueblos, naciones y lenguas le sirvieran; Su dominio es dominio eterno, que nunca pasará, y Su Reino uno que no será destruido".

Daniel 7:13-14

E l Reino de lo Cielos está establecido en torno al gran Trono de Dios. En este Reino toda verdad es perfecta, absoluta e inamovible. Es este diseño divino que Jesús está estableciendo sobre la tierra, para que Sus santos gobiernen con El.

Todos esperamos que Jesús regrese a reinar físicamente en la tierra, sin embargo, el gobierno de Jesús ya empezó a manifestarse y a prepararse antes que esto suceda en forma determinante. Dios nos está capacitando para juzgar con El.

"Y vi tronos, y se sentaron sobre ellos los que recibieron facultad de juzgar..."   *Apocalipsis 20:4*

El se ha propuesto que una Iglesia gloriosa sea vista por todas las naciones, sobre la cual, Su Misma gloria resplandezca. Los reyes andarán al resplandor de ella y las riquezas de las naciones les serán entregadas. (Paráfrasis de Isaías 60).

"El está adiestrando una Iglesia guerrera, que pondrá a los pies de Cristo la mayor cosecha de almas de todos los tiempos. Entonces será libertado tu pueblo, todos los que se hallen escritos en el libro".   *Daniel 12:1*

Los entendidos, como los llama Daniel, actúan y se

esfuerzan. Y será claro para sus ojos lo que Dios quiere hacer en esta hora determinante para la humanidad. En líneas posteriores hablaremos de una diferencia entre la presencia de una virtud divina y su manifestación plena entre los hombres; veamos pues, desde este punto de vista la parte más importante del Reino de los Cielos; el Trono de Dios.

"Jehová reina; regocíjese la tierra, alégrense las muchas costas. Nubes y oscuridad alrededor de El; JUSTICIA Y JUICIO SON EL CIMIENTO DE SU TRONO. Fuego irá delante de El, y abrasará a Sus enemigos alrededor. Sus relámpagos alumbraron el mundo; la tierra vio y se estremeció. Los montes se derritieron como cera delante de Jehová, delante del Señor de toda la tierra. Los cielos anunciaron Su justicia, y todos los pueblos vieron Su gloria".

Salmo 97:1-6

El clamor de todo creyente es que el gobierno de Dios sea visible sobre toda nación. Oramos para que Su Reino se manifieste en medio de los hombres. Para que esto suceda, lo primero que El establece sobre la tierra es la manifestación de Su Trono. Justicia y Juicio son el cimiento de Su Trono; y estos dos principios son inseparables y operan en armonía con los diseños de Dios para traer Su Gloria sobre la tierra. Cuando estos dos fundamentos descienden sobre un lugar, los enemigos de Dios son puestos bajo el estrado de Sus pies y la gloriosa manifestación de Su presencia se deja sentir, trayendo Su voluntad y Su reino en medio de nosotros.

La Justicia es una de las manifestaciones de Dios mismo. Dios es Justo. La Justicia está latente sobre nuestras vidas, y aunque somos justificados y tenidos por justos ante Dios por Su gracia, no gozamos de los beneficios de la Justicia hasta que Dios la establece sobre nuestras vidas. Al contrario de la iniquidad, en la que están grabadas la injusticia, la maldición, el agravio, la calamidad, las enfermedades, etc.; la Justicia se establece sobre una vida, todos los beneficios del Reino de Dios vienen sobre esta persona. Es por esto que muchos creyentes leen las impresionantes promesas de Dios sobre los justos, pero la verdad es que son pocos los que las disfrutan a plenitud.

La razón es que, "posicionalmente" son hechos justos ante Dios, pero la Justicia aún no ha sido establecida sobre ellos aquí en la tierra. Cuando hablo de establecer, quiero decir, que algo es cimentado en forma inamovible sobre una vida. Esto quiere decir que la verdad celestial se hace terrenalmente visible, palpable sobre una persona o sobre un pueblo. Jesús dijo, que en nada estuviéramos afanados, ni por lo que hemos de comer, ni por lo que hemos de beber o de vestir, antes todas estas cosas nos son añadidas si buscamos el Reino de Dios y Su Justicia. Lo que Jesús está diciendo, es que cuando el Trono de Dios es cimentado verídica y eficazmente en el corazón del hombre, todo lo que pertenece al Reino de Dios es atraído hacia ese Trono.

Ahora bien, el conflicto es que, así como el amor no de deja de amar, la Justicia inevitablemente juzga. El propósito de la Justicia es alinear todas las cosas a los diseños de Dios. Por un lado, establece el Reino de Dios y Su gobierno sobre la tierra y, por otro lado, sentencia lo que se opone a él.

El problema con que nos encontramos es que la palabra "Juicio" preferimos borrarla de nuestras Biblias. Por razones de temor y de religiosidad, se ha creado un mal y terrible entendimiento acerca de esta palabra, evitándola a toda costa. Una de las mayores ofensas que alguien le puede decir a un cristiano que está en tribulación es: "Esto es un juicio de Dios sobre tu vida".

Buscamos todas las razones super espirituales para justificar lo que nos sucede. Todo es mejor que aceptar la palabra juicio. Este segundo cimiento del Trono de Dios lo hemos convertido en una horrenda palabra que cataloga al cristiano como "malo" o "indeseable", aquel que salió de la "santidad perfecta" en que camina toda la Iglesia sin excepción (como muchos irónicamente creen). Ahora se ha vuelto el señalado por la ira destructora de Dios; y desde luego alguien de quien tenemos que cuidarnos porque seguramente tiene algo oculto que fue lo que atrajo sobre él este terrible "Juicio".

Nada hay más falso y menos comprendido que el párrafo que acabo de mencionar. El Juicio de Dios es un fundamento divino y al ser precisamente uno de los cimientos de Su Trono, está relacionado con el más impresionante diseño de gobierno en el Reino de Dios.

Dios es bueno y todo lo que es y rodea Su Trono es excelso y maravilloso. No hay nada horrible en el Cielo y menos el cimiento de Su gobierno. Así que, le pido que ponga a un lado todo previo concepto de esta palabra y abra su espíritu a algo glorioso que Dios quiere hacer en nuestras vidas.

Imaginemos una escena que ilustra lo que esta sucediendo en el mundo espiritual: Usted recibe la notificación notarial de que ha sido nombrado heredero de una preciosa hacienda multimillonaria. El problema es que se encuentra en un territorio donde el testador tenía muchos enemigos que no lo quieren para nada a usted como nuevo dueño de la finca.

Usted se arma de valor y llega a reclamar lo que es ahora su heredad. La hacienda se encuentra ocupada por un sinnúmero de rufianes que han empezado a saquear la casa y desde el primer momento que usted hace acto de presencia, lo agarran entre varios, lo atan de manos y pies y le dicen: "Estas cuerdas son por lo que tus padres hicieron". Luego lo empiezan a puyar y a lastimar en su cuerpo, y otro grita, "esto es por lo que hizo tu abuelo". Otro llega y lo despoja de todos sus bienes y se pone a gritar: "esto es porque te lo mereces por tu propia maldad". Usted entonces bien enfadado e indignado por lo que hacen se pone a gritarles que usted es el dueño de la propiedad, y que usted tiene toda la autoridad para echarlos fuera y meterlos a la cárcel por lo que han hecho. Ellos lo miran atado en el suelo y se ríen de usted mientras el jefe de la banda se sienta en el sillón del hacendado y destruye la finca a su antojo.

Usted empieza a sentir la opresión de la injusticia del despojo, el agravio y la maldad que vino sobre usted, cuando inocentemente decidió reclamar su heredad. Usted es el verdadero dueño; todas las riquezas de la hacienda son suyas junto con todos los frutos venideros, pero no los puede disfrutar porque la injusticia y el mal la han tomado para gobernar en ella. La iniquidad de sus antepasados y de su propio pecado le tienen atado, y no lo dejan manifestar el poder que usted verdaderamente posee.

La única solución para que usted obtenga la victoria es que su caso sea llevado a Juicio. MIENTRAS EL JUICIO NO SALGA A SU FAVOR, LA JUSTICIA NO LO PUEDE DEFENDER. TODO JUICIO TIENE UN GANADOR Y UN PERDEDOR. Y LAS BUENAS NUEVAS SON QUE EN CRISTO JESÚS SOMOS MAS QUE VENDEDORES, Y YA ES HORA EN QUE LA DERROTA DEL DIABLO SE VEA EN TODO SU ESPLENDOR.

David dice:
"Levántate, oh Jehová, en tu ira; álzate en contra de la furia de mis angustiadores, y despierta en favor mío el juicio que mandaste. Te

rodeará congregación de pueblos, y sobre ella vuélvete a sentar en alto.   Jehová juzgará a los pueblos; Júzgame, oh Jehová, conforme a mi justicia, y conforme a mi integridad. Fenezca ahora la maldad de los inicuos, mas ESTABLECE TÚ AL JUSTO…"

Salmo 7:6-9

Tenemos como herencia nuestra, todas las cosas que pertenecen al Reino de los Cielos, pero no entramos en potestad de ellas, hasta que la justicia se establezca sobre nosotros por medio de la corte suprema que ejecuta el juicio de Dios. David vuelve a decir en un pleno entendimiento del significado de esta Palabra:

"…los juicios de Jehová son verdad, todos justos. Deseables son más que el oro, y más que mucho oro afinado. Y dulces más que miel, y que la que destila del panal".   *Salmo 19:9-10*

¿Cómo podemos hablar de un juicio deseable y dulce? La tierra, como vimos en líneas atrás, está cubierta por fortalezas de iniquidad. Y esta iniquidad ha estado arraigada por generaciones sobre todos los seres humanos, incluyendo a los cristianos. El juicio tiene que ver directa y esencialmente con la iniquidad. Dios está desatando un Juicio de ira contra la iniquidad que gobierna el mundo y también está desatando un juicio de misericordia sobre los que buscamos Su Reino y Su Justicia, a través de su juicio, Dios quiere limpiarnos de toda la escoria espiritual que esta impidiendo que las Sus bendiciones vengan sobre nosotros.

El Juicio es dulce cuando trae una revelación de áreas en nuestro corazón que ni siquiera sabemos que existen, y que el diablo esta usando para robarnos la plenitud de Dios. No hay mayor virtud en el hombre que la humildad para reconocer su propia iniquidad.

David decía:

"Lávame más y más de mi maldad, y límpiame de mi pecado. Porque yo reconozco mis rebeliones, y mi pecado está siempre delante de mí. Contra ti, contra ti solo he pecado, y he hecho lo malo delante de tus ojos; para que seas reconocido justo en tu Palabra, y tenido por puro en tu Juicio".   *Salmo 51:2-4*

Jesús dijo:

"Bienaventurados los que tienen hambre y sed de Justicia, porque ellos serán saciados".   *Mateo 5:6*

Dios quiere traer sobre nosotros Su Reino en todo el esplendor de Su gloria, pero necesita desarraigar la iniquidad y establecer Su Trono. Al Profeta Malaquías le fueron revelados los tiempos en que Dios descenderá para establecer Su Reino y cómo actuará en medio de Su pueblo.

"He aquí, Yo envío mi mensajero, el cual preparará el camino delante de mí; y vendrá súbitamente a Su Templo el Señor a quien vosotros buscáis, y el ángel del pacto, a quien deseáis vosotros. He aquí viene, ha dicho Jehová de los ejércitos. ¿Y quién podrá soportar el tiempo de Su venida? ¿O quién podrá estar en pie cuando El se manifieste? Porque El es como fuego purificador, y como jabón de lavadores. Y se sentará para afinar y limpiar la plata; porque limpiará a los hijos de Leví, los afinará como a oro y como a plata, y traerán a Jehová ofrenda en JUSTICIA".
                                                    Malaquías 3:1-3

Notemos como en este pasaje Dios nos muestra una visitación de Jesucristo que no es ni el rapto ni la segunda venida. Es una visitación, producto de un pueblo que clama y lo busca desesperadamente. El viene para preparar a la Iglesia. Aquí El se sienta para afinar. Esto significa, algo minucioso hecho con amor y delicadeza. Manifiesta una presencia de fuego, pero no es un fuego de destrucción ni de ira, sino un fuego que va quemando sutilmente la escoria. Vemos como la respuesta a este trato es el estable-cimiento de la Justicia en el corazón de Su pueblo, y la respuesta de Sus hijos es una ofrenda, un acto de agradecimiento y de adoración que provienen de uno de los cimientos de Dios, la Justicia.

Una vez quitada la escoria y abrillantado el oro en Sus hijos, El puede proceder al Juicio de ira que destruirá a Sus enemigos y establecerá Su Trono. Malaquías continúa:

"Y vendré a vosotros para juicio; y seré pronto testigo contra los hechiceros y adúlteros, contra los que juran mentira, y los que defraudan en su salario al jornalero, a la viuda y al huérfano, y los que hacen injusticia al extranjero, no teniendo temor de mí, dice Jehová de los ejércitos".   *Malaquías 3:5*

Mi corazón gime al ver a tantos hijos y siervos de Dios atacados por hechiceros, sufriendo fraudes e injusticias, cayendo en enfermedades y aún muriendo, mientras sus oraciones parecen no haber sido escuchadas. Los ataques se presentan de continuo, casi al punto de hacer desmayar a muchos de ellos.

¡El Señor ha oído desde los Cielos, pueblo de Dios y El viene súbitamente a Su Templo! Bien está escrito: ¡El Juicio empieza en la casa de Dios! Pero el Juicio no viene igual sobre los que buscan ser limpiados y juzgados, que sobre los que no tienen temor de Dios.

"Entonces los que temían a Jehová hablaron cada uno a su compañero; y Jehová escuchó y oyó, y fue escrito libro de memoria delante de El para los que temen a Jehová, y para los

que piensan en Su Nombre. Y serán para mí especial tesoro, ha dicho Jehová de los ejércitos, en el día en que Yo actúe; y los perdonaré, como el hombre que perdona a su hijo que le sirve. Entonces os volveréis, y discerniréis la diferencia entre EL JUSTO Y EL MALO, entre el que sirve a Dios y el que no le sirve".

Malaquías 3:16-18

VINE A JUICIO DELANTE DEL ALTISÍMO

Era febrero del 1998, todavía trataba de recuperarme de la batalla más fuerte a la que me había llevado el Señor: El ascenso al Monte Everest. Con esto había empezado lo que sería la gran liberación de la ventana 10/40 (La zona geográfica menos evangelizada del mundo comprendida entre los paralelos 10 y 40 del hemisferio norte). El Everest es la montaña más alta del mundo y donde se encuentra uno de los asientos babilónicos más importantes de la reina del cielo sobre la faz de la tierra.

El riesgo fue altísimo y el nivel de la batalla, algo sin igual. Vimos la gloria de Dios descender visiblemente cuando El se sentó en las alturas de la tierra, y los frutos de esa guerra han sido extraordinarios.

El Evangelista Alberto Motessi, nos contaba del asombro que tuvo cuando fue a Nepal el '98, (país en donde se encuentra el Monte Everest). Dice que de una escasa población de 6 pastores en el '96, pasaron sobrenaturalmente a ser una alianza 250 pastores en el '98, los cuales se reunieron para su campaña de 150.000 creyentes.

El Evangelista Morris Cerullo visitó la India poco después de nuestra expedición, y nos contaba las cosas sin precedentes que ocurrieron. Dios les entregó la televisión para su cruzada

"Misión a todo el Mundo", y un avivamiento reventó como nunca se había visto antes en la India.

Al norte del Everest, en China, país en donde traspasar Biblias clandestinamente había costado la vida de varios mártires, hoy ya existen imprentas establecidas por cristianos y autorizadas por el gobierno para distribuir la Palabra de Dios en ese país.

En Arabia, Pakistán e Irán, los equipos de oración de Mujeres "Aglow" que visitaban estas naciones, presenciaron un gran alboroto en Arabia después de nuestro descenso del Everest, ya que los altos jerarcas del Islam tuvieron una visitación personal de Cristo, revelándose a ellos como el Mesías. Y en la plena Meca lo declararon a millones de musulmanes.

Tenemos testimonios gloriosos de casi todas las naciones que rodean los Himalayas. El velo que tenía en cautiverio a la ventana 10/40 ha sido roto por millones de guerreros que hemos unido nuestras oraciones para esta gran liberación.

A lo que quiero llegar con todo esto, es que Dios no juzga ni somete las fuerzas del mal, sin que venga sobre Sus guerreros una limpieza profunda de parte de Dios. La luz es la que disipa las tinieblas y la luz también hace relucir nuestra escoria.

Los momentos más intensos que he vivido con Dios surgieron después de esta gran batalla.

Antes de entrar al testimonio de mi juicio quiero reproducir parte de las palabras que Dios revelará al Profeta Rick Joyner, de los Estados Unidos, escritas en su libro "La Búsqueda Final"[1]. La impactante historia del arrebatamiento a los Cielos que viviera este gran siervo de Dios.

1 Joyner Rick, "La Búsqueda Final" MorningStar Fellowship Church, 1997. pp. 208.

El se encuentra frente al Trono Blanco de Dios y Jesús le está hablando:

" ...pero hay mucho más por comprender acerca de mis juicios. Cuando juzgo no busco condenar ni justificar, sino traer consigo Justicia. La justicia tan solo se encuentra en unión conmigo. El juicio justo es traer a los hombres a la unión conmigo. Mi Iglesia ahora está vestida con vergüenza porque no tiene jueces. No tiene jueces porque ella no me conoce como el Juez. Ahora levantaré jueces para mi pueblo quienes conocen mi juicio. No decidirán entre asuntos y personas, sino que harán bien las cosas, lo cual los pondrá de acuerdo conmigo".

"....Nunca vengo para tomar partido. Cuando llego es para tomar control, no para tomar lados. Aparecí como el Capitán de las Huestes antes que Israel pudiera entrar a la tierra prometida. La Iglesia está ahora a punto de entrar a su tierra prometida, y de nuevo estoy próximo a aparecer como el Capitán de las Huestes. Cuando lo haga quitaré a todo aquel que ha estado obligando a mi pueblo a tomar partido en contra de sus hermanos. Mi Justicia no toma partidos en los conflictos humanos".

"....Debes ver mi Justicia para caminar en mi Autoridad, porque la rectitud, la equidad y la Justicia son el fundamento de mi Trono." Nota tomado exactamente del libro de Rick Joyner... la búsqueda final

"...Mi Iglesia esta ahora vestida de oprobio, porque no hay jueces en medio de ella. Y no tiene jueces, porque aun no me conoce como el Juez. Voy a levantar jueces para mi pueblo que conocen mis juicios. Ellos no solamente decidirán entre gente y asuntos, pero traerán rectitud y justicia, esto significa que harán que cada caso entre en acuerdo con lo que Yo soy".

Dios me había usado junto con un hermoso equipo, para una de las guerras de mayor relevancia espiritual que jamás había peleado, el Monte Everest. Sabíamos que no era por nada único que hubiera en nosotros, sino por Su gracia y Su misericordia. Habíamos sido expuestos a un nivel de luz tan extraordinario durante la guerra, que inevitablemente nos tocó el turno de mirarnos ante esa resplandeciente brillantez de Su Trono. Venía el sacudimiento más fuerte y más importante en mí caminar cristiano, pero traería como fruto, el establecimiento de la Justicia de Dios sobre mi vida. A mayor nivel de luz en que somos expuestos, mayor nivel de santidad es requerido. A mayor llamado, mayor es la luz de Su Justicia y más fuerte el trato que nos conformará más y más a Su imagen.

En febrero de 1998, regresaba de un viaje de investigación en Turquía y en Roma, a donde Dios me llevó para estudiar la estrategia para confrontar a la reina del Cielo. Habíamos estado en la cárcel donde estuvo el Apóstol Pablo y ahí postrada en el suelo, el Señor me habló del precio impresionante y el nivel de cruz que requería esta batalla. Durante todo el vuelo de regreso ponderaba las palabras del Señor.

En la balanza estaba definido por un lado un gigantesco nivel de padecimiento y en el otro lado el ver caer la fortaleza que más anhelaba ver derrumbarse; y con ella, la consecuente liberación de millones de cautivos de la reina del Cielo. Sin saber muy bien a lo que me iba a enfrentar, le dije a Dios que costara lo que costara yo quería la libertad de todas esas almas.

Dios traería en breve lo que sería también una de las revelaciones más importantes de mi vida "la relación que existe entre ser participante de los padecimientos de Cristo y el producir la luz y la autoridad que disipa las tinieblas. Me encontraba en profunda oración en mi casa, cuando se presentó frente a mí un varón con vestiduras blancas y resplandecientes; Su rostro era como el sol, pero podía ver Sus ojos, eran como dos apacibles lagos de agua azul, y una llama de fuego se traslucía en el fondo de Su mirada. ¡Era Jesús! Me tomó de la mano derecha, en Su mirada se sentía a la vez firmeza combinada con muchísimo amor.

Entramos en un lugar, no sé si en el cuerpo o fuera del cuerpo, donde había una escalera de caracol edificada de piedra. Empezamos a descender, pero El no decía nada. A medida en que bajábamos, la luz se iba haciendo más y más escasa, hasta llegar a un punto de oscuridad total. Percibiendo el temor de mi corazón, se volteó y me dijo: "No temas, ESTE TAMBIEN SOY YO". No me dijo aquí también estoy Yo, sino, "Este también soy Yo". Entendí que quería revelarme algo de El mismo, que quizás no iba a ser fácil de entender.

Cuando llegamos a lo que era el fondo, no había nada de luz, sólo un letrero luminoso que decía en inglés: "Direction Loneliness" (Dirección: Soledad). Aunque no había luz en El, si lo podía ver por la luz que emanaba de Sí Mismo. Me quedó viendo con profunda ternura, y como quien quiere infundirle valor a alguien. Luego añadió: "Es necesario que estés aquí un tiempo para la obra que tengo preparada para ti. Mientras estés aquí, no podrás oír mi voz ni verme, pero sabe que Yo estaré aquí, y que no te dejaré, ni te desampararé; y cuando haya llegado el tiempo señalado, Yo te levantaré en gran gloria".

Entonces tomó una hoja de papel y delante de mí la hizo pedacitos, y me dijo: "¿Ves lo que hago? Es necesario que haga esto con tu vida, con tu familia, y tu ministerio, pero Yo estoy en control y Yo te levantaré en gran gloria," volvió a repetir. Entonces desapareció y yo me volví a encontrar en la sala de mi casa. Sabía que se venía algo terrible sobre mi vida, pero no sabía por donde entraría semejante huracán. Llame al presbiterio de la Iglesia y a los intercesores, y les conté lo que me había sucedido para que prepararan sus corazones y para que supieran que todo lo que vendría era parte de un diseño divino.

A los dos días se dejó venir aquel terremoto. En cuestión de horas todo mi mundo se vino abajo. El caos abatía por todos lados, y cuando me di cuenta, había perdido todo en mi vida. Era difícil conciliar todo lo que estaba sucediendo.

Había llevado una vida cristiana en la mayor santidad y rectitud que entendía, y de pronto, todo se desmoronaba delante de mí. ¿Por qué la tragedia, las calumnias, la traición golpeaban sin misericordia una vida consagrada a Dios en una forma tan injusta? Mi vida se volvió una pesadilla interminable, y sólo las palabras de Su visitación me sostenían. Afortunadamente por más injusticias y horrores que el diablo quiso hacer, el diseño de lo que Dios había preparado era tan impresionantemente hermoso, y tan lleno de poder que no cambiaría por nada esos meses de cruz y de intenso dolor.

Dios organizó una defensa gloriosa para preservar mi vida y mi ministerio. El Dr. Morris Cerullo, el Dr. Peter Wagner y el Dr. Rony Chaves, cerraron filas en un despliegue de amor, como yo no sabia que existía. Si pensaba que estos tres varones eran dignos de gran honra, ahora lo pienso mucho más. Muchos son grandes quizás en nombre, pero la verdadera grandeza, se demuestra en la humildad, en el amor, y en una vida clavada en la Cruz del Calvario. A ellos se añadieron muchos más de otras naciones, y Dios se ha glorificado poderosamente.

Por más de una año, que duró el juicio de Dios, mi vida fue quebrantada hasta los niveles más profundos. Mi hermana gemela sufrió un súbito ataque de tumores múltiples en el cerebro, que la condujeron hasta los umbrales de la muerte, y de ahí la sacó el Señor. Años después el Señor, la llamó a Su presencia. Mi hogar fue violentamente destruido.

Me quedé sin casa, sin un centavo y despojada de todos mis bienes. Prácticamente sin amigos; los que yo creía que eran los mas cercanos y fieles, me apuñalaron por la espalda, y me dejaron sola. Otros se aliaron a las mentiras del diablo y trataron de hacer pedazos el ministerio y yo no entendía ¿Por qué?. Dios escribe Sus libros en forma diferente en los Cielos y Su sabiduría es más alta que la nuestra.

"...Es necesario que a través de muchas tribulaciones entremos en el Reino de Dios".
Hechos 14:22

La revelación que Dios me dio para escribir este libro es el producto de las impresionantes visitaciones de Dios durante mi Juicio. Y es con profundo agrade-cimiento a mi amado esposo en el Cielo, Jesús, que ahora puedo narrar las profundidades a las que me llevó y que en medio de una vida de paz me hubiera sido imposible entender. Nunca me dejó ni me abandonó, y no faltaron los Simones de Cirene que me ayudaron a llevar la cruz en los momentos más difíciles.

Quiero también aclarar que lo que a mí me sucedió no es lo que le va a suceder a todo el que venga a Juicio en la misericordia. Lo que a mi me aconteció tiene que ver con el diseño de Dios para mi vida, y con el nivel de luz y de santidad que yo tengo que manifestar en el llamado que El me ha hecho a mí. Y abrir brecha siempre implica un precio adicional que los que andan sobre terreno ya caminado.

3

CRISTO, UN REINO DE LUZ

"Pelearán contra el Cordero, y el Cordero los vencerá, porque El es Señor de señores y Rey de reyes; y los que están con El son llamados y elegidos y fieles". Apocalipsis 17:14

EL CONFLICTO

Para poder llegar a un entendimiento profundo que nos dé la victoria sobre el gobierno del mal, tenemos que entender cómo funciona el mundo espiritual; cuales son sus leyes y cómo podemos transformarnos en verdaderos afectadores de ese mundo invisible.

El verdadero conflicto, es una confrontación entre la luz y las tinieblas. Como dice el Apóstol Juan:

"En El estaba la vida, y la vida era la luz de los hombres. La luz en las tinieblas resplandece, y las tinieblas no prevalecieron contra ella".

Juan 1:4, 5

La oscuridad se torna insustancial frente a la luz. No tengo que gritarle durante tres horas a la oscuridad para que se vaya cada vez que enciendo un foco de mi casa. A la manifestación instantánea de la luz, las tinieblas automáticamente desaparecen. Ahora, si Jesús es la luz que mora dentro de nosotros, ¿Por qué no desaparecen las tinieblas alrededor nuestro en forma inmediata?.

La respuesta es que, aún una gran parte de la luz está velada, por causa de estructuras reales, que el diablo ha edificado a través de los hombres. Esos velos de oscuridad producen el efecto de un foco que ha sido cubierto por un caparazón sólido alrededor de él. La luz existe, es real, mora en los creyentes, pero está velada por las fortalezas de iniquidad y las estructuras mentales en que hemos sido formados desde la niñez y que se oponen a Cristo.

Una cosa va a ser entonces, la presencia de la luz en la vida de los que han sido hecho hijos de Dios, y otra cosa Su manifestación visible a través de la vida del creyente. Hay una importante diferencia entre la presencia de las virtudes divinas y su plena manifestación en nosotros. Una persona recién convertida, tiene por la fe, la presencia de todos los atributos y el poder de Dios. Sin embargo, no son manifiestos en forma inmediata. Es a través del rompimiento del ser interior y de entender los principios que producen la manifestación de la luz y del Reino de Dios, que esto va a ser visible a los ojos de los demás.

"…Dios es Luz, y no hay ningunas tinieblas en El".
1 Juan 1:5

"Porque Dios que mandó que de las tinieblas resplandeciese la luz, es el que resplandeció en nuestros corazones para iluminación del conocimiento de la gloria de Dios en la faz de Jesucristo".
1 Corintios 4:6

El Reino de lo Cielos es un Reino en donde todo es luz, la gran ciudad de Dios está iluminada por la magnificente luz de Dios. Ahí no hay noche, ni hay posibilidad de tinieblas. Todo resplandece, todo brilla, y es extraordinariamente cristalino, diáfano, puro y lleno de Su Gloria.

"…Dios es Luz, y no hay ningunas tinieblas en El".   *1 Juan 1:5*

Es la luz la que nos va a llevar a conocerlo, a conocer las diferentes dimensiones y misterios de Su gloria. La Luz nos lleva a un encuentro con la faz, con el rostro de Jesucristo, que es mas brillante que el sol en su cenit. Es la luz la que nos lleva a manifestarlo a El de tal manera, que ningunas tinieblas prevalecerán alrededor nuestro. Esta es la forma más alta de guerra espiritual que conozco, y la que no puede ser derrotada.

Entender los principios de la luz, va más allá de una doctrina posicional en la que somos luz por el simple hecho de haber recibido la salvación en Cristo Jesús. Si mil millones de cristianos que ya somos sobre la faz de la tierra, produjéramos la luz que Dios diseñó sobre nosotros, ya no hubiera un solo demonio sobre este planeta.

El problema es que somos luz, teóricamente, pero tenemos que llegar a ser, de tal manera iluminados en el conocimiento de Su gloria, que seamos manifestadores de Su luz resplandeciente.

La gloria de Dios vive en nosotros, es Jesús mismo, como decía el Apóstol Pablo: "Cristo en vosotros la esperanza de gloria". Isaías el Profeta, vio la realidad del reino de Dios morando en el creyente. Esta gloria no es algo que se vaya a manifestar en el futuro, Cristo en toda su magnificencia y majestad habita aquí y ahora.

"Levántate y resplandece; porque ha venido tu luz y la gloria de Jehová ha nacido sobre ti. Porque he aquí que tinieblas cubrirán la tierra, y oscuridad las naciones; mas sobre ti amanecerá Jehová, y sobre ti será vista Su gloria. Y andarán las naciones a tu luz y los reyes al resplandor de tu nacimiento".   *Isaías 60:1, 3*

El Señor no está hablando de una luz mística, que decimos

que tenemos, pero que nadie puede ver. Aquí dice el Señor que hay un nivel de luz relacionado con Su gloria que puede ser vista por todos, y que los mismos gobernantes anhelarán y la seguirán.

El profeta Joel también la vio, en la forma de un glorioso ejército de luz que se levanta venciendo a su paso.

"... que sobre los montes se extiende como el alba; así vendrá un pueblo grande y fuerte; semejante a él no lo hubo jamás, ni después de él lo habrá en años de muchas generaciones".

Joel 2:2

Esto ya está empezando a suceder. Un pueblo entendido en la luz, en los diseños de Dios y en un poder que nunca antes habíamos visto, se está levantando sobre la tierra. En muchos lados por donde Dios me permite viajar, estoy encontrando gente cuya luz va más allá de la teología, gente que está mirando Su rostro resplandeciente y está siendo transformada a velocidades vertiginosas.

La luz es una serie de verdades que manifiestan todo lo que Jesús es. De la misma manera que la luz se difracta en siete colores, todos unidos producen la luz blanca, así también, en la manera que se van viendo manifestados cada aspecto de la luz de Cristo, la luz irá en aumento en nuestra vida.

"Por tanto, nosotros todos, mirando a cara descubierta como en un espejo la gloria del Señor, somos transformados de gloria en gloria en la misma imagen, como por el Espíritu del Señor".

2 Corintios 3:18

El conocimiento de Su gloria, es alcanzado a través de una experiencia real, vívida con la faz de Jesucristo.

SOMOS TRANSFORMADOS EN EL, EN LA MEDIDA EN QUE LO MIREMOS, EN LA MEDIDA QUE CRISTO SEA REVELADO A NOSOTROS.

Desde la pequeña y frágil percepción de Su presencia en el inicio de nuestra vida cristiana, hasta el éxtasis glorioso de verlo cara a cara. Así son las experiencias que tenemos con El, que produce los gloriosos cambios que nos van conformando a Su imagen. Esto es luz, conocerlo a El. Conocer Su revelación progresiva y maravillosa, hasta que todo sea lleno de Su Reino y de Su gloria, como las aguas cubre la mar.

Muchos dicen que el cristianismo no es una religión sino una relación personal con Jesús; y esto es verdad, pero la realidad es que no todos tienen esta relación. Relación significa poder mirar a alguien a los ojos, tomarlo de las manos y que el tome las tuya. Poder abrazarlo, escucha Su voz, compartir con El y que El comparta contigo las partes más íntimas de su corazón.

Una relación real, verídica, no es conocimiento intelectual o una emoción. Conocerlo a El, es experimentarlo todos los días, no tan solo saber acerca de El, leyendo la Palabra. Lo cierto es que muchos lo que tienen desgraciadamente es una religión y no una relación. Todo lo que nos es revelado es producto de la luz. La naturaleza de la luz, es que todo sea visto en nítida claridad. Por eso el Apóstol

Pablo oraba:

"Para que el Dios de nuestro Señor Jesucristo, el Padre de gloria, os dé espíritu de sabiduría y de revelación en el conocimiento de El, alumbrando los ojos de vuestro entendimiento, para que sepáis cuál es la esperanza a que El os ha llamado, y cuáles las

riquezas de la gloria de Su herencia en los santo…"

Efesios 1:17-18

Alumbrar significa llenos de luz. Vemos por tanto, que la revelación de Cristo en nosotros, tiene que ver con el nivel de luz en que nos movemos. La Palabra nos habla que hay diferentes niveles de relación con Cristo. Una era la relación de los discípulos, otra la relación de los tres que estuvieron en la transfiguración, y otra la de Juan, el discípulo amado.

Vemos diferentes niveles de Gloria mencionados por el Apóstol Pablo cuando habla de cómo será la resurrección. Una es la gloria del sol, otra la gloria de la luna, y otra la de las estrellas; así también será, cuando todos seamos transformados en nuestros cuerpos incorruptibles.

Siguiendo este mismo esquema de pensamiento, también dentro del cuerpo de Cristo hay diferentes niveles de luz y por consecuencia, diferentes niveles de revelación.

¿De dónde proviene el conocimiento de la luz? ¿Cómo podemos pasar de una luz posicional del nivel de salvación, a un verídico nivel de luz que disipe las tinieblas? Dios le habló a Job y le dijo: ¿Por dónde va el camino a la habitación de la luz, y dónde está el lugar de las tinieblas, para que las lleves a sus límites, y entiendas las sendas de su casa? ¡Tú lo sabes! Pues entonces ya habías nacido…"

Job 38:19-21

LA LUZ ES LA VERDAD

Jesús es la luz que vino a este mundo, *"En El estaba la vida, y la vida era la luz de los hombres. La luz en las tinieblas resplandece, y las tinieblas no prevalecieron contra ella".*

Juan 1:4-5

La vida contenida en Jesús es lo que produce la luz. Pero era necesario que esta vida fuera vertida como sacrificio vivo, para que produjese el efecto de la luz.

Jesús no venció al diablo con la unción que estaba sobre El, ni con los milagros, ni viviendo una vida santa; fue en la Cruz del Calvario donde venció a las fuerzas del mal. Fue ahí que se consumó toda la victoria, y es ahí también, donde las tinieblas no pudieron prevalecer en contra de la luz. La cruz, uno de los mensajes menos predicados en la Iglesia de hoy, es el lugar de plenitud, de manifestación, de cumplimiento. Entender la cruz, es penetrar la puerta que nos lleva a los misterios escondidos en Dios, a la riqueza más extraordinaria de Su Reino. Es en la cruz donde se conjugan las vertientes de sabiduría más extraordinarias en Dios. La revelación de Su infinito amor está ahí, la culminación de las verdades escondidas en Su humillación, se beben en la cruz. La entrada a los niveles más altos de luz, de resurrección está ahí también; y también, la puerta a las más altas dimensiones de Su verdad.

No hay tesoro más grande que aprender a sumergirnos en la cruz, en cada parte de Su sacrificio excelente y Sus padecimientos. Ahí hay ríos de agua viva, torrentes de revelación, que es Su luz resplandeciente. El Apóstol Pablo entendió esto, y por eso lo daba todo. Todo lo estimaba por basura, a fin de conocerlo a El, y el poder de Su resurrección y la participación de Sus padecimientos, para poder asir aquello para lo cual también fue asido.

Es tan profundo y tan maravilloso todo lo que está minuciosamente oculto en cada gota de Su Sangre derramada y del agua de vida que viene mezclada con el fluido vital.

El Apóstol Pablo vivía esta verdad, y era su anhelo ardiente vivir crucificado juntamente con Cristo, para que todo lo que Jesús era se manifestase a través de su ser.

"Llevando en el cuerpo siempre por todas partes la muerte de Jesús, para que también la vida de Jesús se manifieste en nuestros cuerpos".   *2 Corintios 4:10*

El decía:
"Porque esta leve tribulación momentánea produce en nosotros un cada vez más excelente y eterno peso de gloria; no mirando nosotros las cosas que se ven, sino de las cosas que no se ven; pues las cosas que se ven son temporales, pero las que no se ven son eternas".   *2 Corintios 4:17, 18*

¿Cómo se empezó a producir la luz a través de la cruz? Jesús tuvo que hacerse semejante en todo a nosotros, para poder ser nuestro Intercesor y nuestro Sumo Sacerdote. Para ello, tuvo que ser llevado al lugar de oprobio y del vituperio. El calvario no era un lugar glorioso como lo pintan los artistas del renacimiento, era el lugar de los malditos, era el lugar junto al basurero de la ciudad, donde los más detestables y asquerosos criminales eran ejecuta-dos. Este fue el lugar donde El escogió morir por nosotros. Ahí El fue contado con los transgresores. Esto significa que fue visto como uno igual a ellos, uno igual a nosotros.

En la cruz El expuso el pecado, El llevó en Su cuerpo el acta que nos era contraria. En cada golpe de Su rostro, en cada herida de Su cuerpo, en cada azote, en cada llaga, en los agujeros hechos por los clavos, en Su frente rasgada por las espinas, están inscritos los pecados de todos nosotros.

Su cuerpo clavado en la cruz era un acta al descubierto,

trayendo a la luz todas las transgresiones. La cruz es la exposición del pecado. La cruz es venir al vituperio, a ser desnudado, a ser expuesto. Aquí es donde el vaso es quebrantado y la cruz empieza a manifestarse. Esto es lo que deshizo al diablo, la impresionante humillación de Cristo. Desnudo de Sus ropas, sacando de todo lugar oculto el pecado, y exponiéndolo abiertamente en la cruz.

Hoy la Iglesia dice ser la luz, pero la luz no puede manifestarse en lo escondido. ¿A qué me refiero con que está en lo escondido? La Palabra dice claramente:

"Este es el mensaje que hemos oído de El, y os anunciamos; Dios es luz y no hay ningunas tinieblas en El. Si decimos que tenemos comunión con El, y andamos en tinieblas, mentimos, y no practicamos la verdad; pero si andamos en luz, como El está en luz, tenemos comunión unos con otros, y la Sangre de Jesucristo Su Hijo nos limpia de todo pecado".   1 Juan 1:5 -7

Si vemos estos pasajes a la luz de la verdad, nos damos cuenta que algo está mal en la Iglesia de hoy, porque el pecado más grande de la Iglesia alrededor del mundo, es precisamente que no hay comunión entre unos y otros. Las divisiones, los celos, envidias, y el desamor es lo que más veo abundar desde el mismo seno de una Iglesia local.

¿Cómo entonces podemos decir que somos luz?. Fíjese en qué momento es que la Sangre de Jesucristo nos limpia de todo pecado: Cuando andamos en luz, y por consecuencia de andar en la luz, tenemos comunión unos con otros. El pasaje de Juan sigue diciendo:

"Si decimos que no tenemos pecado, nos engañamos a nosotros mismos, y la verdad no está en nosotros. Si confesamos nuestros

pecados, El es fiel y justo para perdonar nuestros pecados, y limpiarnos de toda maldad. Si decimos que no hemos pecado, le hacemos a El mentiroso, y Su palabra no está en nosotros".

1 Juan 1:8- 10

En la Epístola de Santiago encontramos también esta palabra "confesar": *"Confesaos nuestros pecados los unos a los otros..."*   *Santiago 5:16*

Vayamos a la raíz de las cosas y entendamos a qué se refiere la Escritura. Cuando Martín Lutero, el gran reformador del siglo XVI, clavó sus 95 tesis en la puerta de la Iglesia, una de ellas decía: "No a la confesión pública de pecados".

Número uno, tenemos que entender que las tesis de la reforma NO ES LA BIBLIA, y hay varios errores en ellas y uno de ellos es este.

Entendamos que Lutero venía de un trasfondo Católico en medio de la "Era del Oscurantismo" mas terrible de la historia. Los abusos que se cometían en esa época, vendiendo indulgencias para comprar el Cielo y aprovechándose de las confesiones para sacarle dinero a la gente, eran atroces. Lutero, quien recibió la luz de la salvación por gracia por medio de la fe, abominaba los horrores que se estaban cometiendo en ese tiempo, en el supuesto Nombre de Dios. El reaccionó a su época, pero no quiere decir que tenía toda la verdad.

La confesión de pecados entre unos y otros, como lo muestra Santiago, es la forma más genuina de liberación y de limpieza profunda de nuestra alma. La misma etimología de la palabra "confesar" significa "hablar públicamente". Esta misma palabra la usamos cuando alguien viene a la salvación y le decimos que haga pública su declaración de fe.

"Porque con el corazón de cree para Justicia, pero con la boca se confiesa para salvación".   Romanos 10:10

Esto quiere decir que hablar delante de todos lo que su corazón cree acerca de Jesús. ¿Por qué entonces, cuando la misma palabra es usada para la confesión de pecados, pensamos que tiene que ser hecho en forma secreta para que nadie sepa lo que hemos hecho?

Si Jesús fue desnudado de Sus ropas y expuso a la luz pública el pecado del mundo, y públicamente derrotó así a los principados y potestades, ¿Por qué queremos tener la victoria en lo oculto?

¿Cómo puede ser redimido el pecado de la Iglesia, si el pecado no sale a la luz? ¿Acaso no dijo Jesús hablando del Reino?

"...Paz a vosotros. Como me envió el Padre, así también Yo os envío. Y habiendo dicho esto, sopló, y les dijo: Recibid el Espíritu Santo. A quienes remitieres los pecados, les son remetidos; y a quienes se los retuviereis, les son retenidos".   Juan 20:21-23

¿Qué significa todo esto? ¿Por qué lo hemos eliminado de nuestra doctrina? ¿Por qué dice el Proverbio: *"El que encubre sus pecados no prosperará; más el que los confiesa y se aparta alcanzará misericordia?".*   Proverbios 28:13

Seamos honestos y veamos la condición de la Iglesia alrededor del mundo. ¿No está acaso llena de pecado, de gente que no puede prosperar, de gente golpeada por el diablo, robada y humillada? ¿De personas que quieren alcanzar el Reino, pero no pueden, por causa de tanta doctrina errónea con que nos hemos equivocado todos?

La realidad es que los ministerios que yo veo que prosperan, son los que de alguna manera, tuvieron alguien a quien confesarle sus pecados. Lo hicieron porque querían ser liberados y ayudados, o porque tenían cargas que ya no podían soportar, o porque el embate del diablo en la enfermedad o en las finanzas era ya insoportable. Ellos buscaron a alguien y abrieron su corazón. Fue en ese momento que pudieron ser verdaderamente limpios y empezaron a prosperar.

¿Qué nos dice la historia? Cada gran avivamiento ha empezado por hombres y mujeres que entendieron este principio. Cada vez que la gloria de Dios ha venido sobre un lugar, es porque una ola de arrepentimiento y confesión de pecado la precedió. Los que han leído u oyen hablar de Charles Finney, dicen que en sus reuniones hablaba tan fuerte acerca del pecado que literalmente se sentían las llamas del infierno bajo los pies.

Cuando Aimee Semple McPherson predicaba, la gente caía en éxtasis, unos veían el Cielo y otros sentían que eran tragados por el infierno, y a gritos se arrepentían de sus pecados.

La confesión es venir a la luz, es venir al lugar donde el diablo ya no te puede amenazar y donde sus acusaciones se deshacen. El diablo no tiene poder sobre su vida cuando usted viene verídicamente a la luz, cuando sale al vituperio, como Jesús salió al vituperio. Cuando usted se desnuda de las vestiduras del pecado, exponiéndolo a la luz, así como Jesús fue desnudado, y se expuso a Sí Mismo en el lugar de los malditos. Si Él salió al lugar de la vergüenza, ¿Por qué nosotros queremos protegernos para que nadie piense mal de nosotros?

"El que dice que permanece en El, debe andar como El anduvo".
1 Juan 2:6

"Haya, pues, en vosotros este sentir que hubo también en Cristo Jesús, el cual, siendo en forma de Dios, no estimó el ser igual a Dios como a cosa a que aferrarse, sino que se despojó a Sí mismo, tomando la forma de siervo, hecho semejante a los hombres; y estando en la condición de hombre, se humilló a Sí Mismo, haciéndose obediente hasta la muerte, y muerte de cruz".
Filipenses 2:5-8

¿Por qué es humillante ir a la muerte de la cruz? Porque ahí es donde todos te miran como lo mas bajo. Este es el lugar que escogió Jesús. El prefirió ser contado con los pecadores, en lugar de con los grandes de este mundo. Hoy en día, si hay un hermano caído, malentendido o golpeado y se junta uno con él para ayudarlo o amarle, el consejo que te dan es: "mejor aléjate de él no se vaya a ensuciar tu testimonio si te ven con hermanos como ese". Pero Jesús prefirió que escondieran de El su rostro, que le tuvieran por abatido de Dios, ser tenido como un hombre sin reputación, despreciado y desechado de los hombres, menospreciado y sin estima, pero amado y caminando en la verdad.

Hablar la verdad sobre nosotros mismos, reconocer nuestros pecados, nuestros fracasos, nuestras decisiones equivocadas, es caminar en la luz. Confesar el pecado a otros nos mantiene humildes y es sumamente honroso ante Dios. El que se humilla será exaltado y el que se exalta, será humillado.

Todos somos humanos, todos nos equivocamos, todos

pecamos y todos podemos ser perdonados y redimidos por la gracia redentora de Cristo. Arrepentirse y hablar sus pecados no era un problema ni para la Iglesia primitiva ni para los hombres de Dios en el Antiguo Testamento. Había un entendimiento muy diferente de lo que esto significaba. Ellos tenían la preeminencia en Dios. Lo que Dios pensaba era lo más importante, no lo que el hombre opinara; hoy en día parece que es al revés. Usted no ve, por ejemplo, un pleito tremendo entre Pedro y los autores de los Evangelios, porque le publica-ron a perpetuidad su pecado cuando negó a Cristo. Yo creo que ellos lo platicaron con Pedro, y este ha de haber dicho: "Si por supuesto, escriban sobre esto, es necesario que lo que yo hice quede como ejemplo para otros". Lo mismo cuando Lucas escribe sobre Pedro, diciendo de él era digno de condenar su comportamiento con los gentiles.

Usted no ve que Pablo oculte su pecado, antes habla de sí mismo como un abortivo. Ni tampoco ve que David destituya a Samuel de su puesto por escribir y hacer público su pecado. David era un hombre conforme al corazón de Dios. Se ven confesiones de sus pecados y fracasos por todos lados en los Salmos. El mismo escribió para que quedara publicada su confesión, y cómo él se sentía delante de Dios.

"Ten piedad de mí, OH Dios, conforme a tu misericordia; conforme a lo inmenso de tu compasión, borra mis transgresiones. Lávame por completo de mi maldad, y límpiame de mi pecado. Porque yo reconozco mis transgresiones, y mi pecado está siempre delante mí.
Contra ti, contra ti sólo he pecado y he hecho lo malo delante de tus ojos, de manera que eres Justo cuando hablas, y sin reproche cuando juzgas.
He aquí, yo nací en iniquidad, y en pecado me concibió mi madre.
He aquí, tu deseas la verdad en lo más íntimo, y en lo secreto me

harás conocer sabiduría.

Purifícame con hisopo, y seré limpio; lávame, y seré más blanco que la nieve. Hazme oír gozo y alegría, que se regocijen los huesos que has quebrantado. Esconde tu rostro de mis pecados, y borra todas mis iniquidades. Crea en mí, oh Dios, un corazón limpio, y renueva un espíritu recto dentro de mí. No me eches de delante de ti, y no quites de mí tu Santo Espíritu.

Restitúyeme el gozo de tu salvación y sostenme con un espíritu de poder. Entonces enseñaré a los transgresores tus caminos, y los pecadores se convertirán a ti. Líbrame de delitos de sangre, OH Dios, Dios de mi salvación; entonces mi lengua cantará con gozo tu justicia".

Salmo 51:1-14 (Paráfrasis del autor)

Fíjese como la perspectiva, el punto de vista de David es tan diferente al de la Iglesia del siglo actual. Para David no era importante como él se viera ante los hombres, sino que fuera Dios el reconocido como justo en Su Palabra y tenido por puro en Su Juicio.

David sabía que si él se humillaba y hacia público su pecado escribiéndolo y quedara a perpetuidad. Dios sería exaltado y le daría por recompensa el predicar la verdad, y que la gente realmente viniera a los pies de Dios, arrepentida y con convicción de pecados. Por lo menos esto es por lo que desmaya mi alma, por predicar a Jesús y que la gente verídicamente cambie sus caminos. Que Su presencia sea que lo anhelen con todo su corazón.

Un día Dios me dijo, Ana, "EN EL CIELO LOS LIBROS SE ESCRIBEN DIFERENTE QUE EN LA TIERRA; VIVE TU VIDA CONFORME A LOS LIBROS QUE SE ESCRIBEN EN LOS CIELOS".

Aquí podemos aparentar que somos unos santos inmaculados, que jamás cometieron ningún error, y los hombres te pondrán en alto y escribirán sobre ti; pero en el Cielo se ve y se escribe diferente. Al lado de cada uno de nosotros hay un ángel que escribe día y noche el libro de nuestra vida.

"Y vi a los muertos, grandes y pequeños, de pie ante Dios; y los libros fueron abiertos, y otro libro fue abierto, el cual es el libro de la vida; y fueron juzgados los muertos por las cosas que estaban escritas en los libros, según sus obras".   *Apocalipsis 20:12*

Hoy en día los llamados al arrepentimiento que se hacen en las Iglesias, son tenidos por los creyentes como algo vergonzoso. Pasan los inconversos y unos poquitos más, y el resto de la Iglesia se queda sentada como si todos creyéramos que en toda esa gente inmóvil ya no hay más pecado. Es más importante que los hombres nos tengan por "perfectos" que lo que Dios está viendo de nosotros.

Para Dios no hay momentos más maravillosos que cuando corremos al altar a confesar nuestros pecados. Para El es la fiesta más hermosa. Cuando confesamos nuestros pecados y nos arrepentimos, hay fiesta de ángeles en los Cielos. Para Dios no es vergonzoso que vayamos y nos arrepintamos todos los días, si es necesario. Cada vez que lo hacemos, El se reconocido Justo en Su Palabra y puro en Su Juicio.

¡Pecamos de tantas maneras, OH santos de Dios! Cada vez que limitamos al Espíritu, pecamos. Cada vez que ponemos nuestras estructuras religiosas y le coartamos la libertad a lo que Dios quiere hacer, pecamos. Cada vez que pudiendo movernos por fe, escogemos métodos humanos para resolver las cosas, pecamos. Cada vez que aceptamos reproche alguno contra el hermano, cuando hacemos acepción de personas. Cuando vemos al hermano tener necesidad y cerramos contra él nuestro corazón. Y cada vez que escogemos proteger nuestra reputación en vez de dar pasos de amor; y amar, a veces tiene un precio muy alto. Cuando nos olvidamos de los huérfanos y de las viudas aún en nuestras propias Iglesias. Cuando son prioritarios nuestros deseos materiales en este mundo, que la obra de Dios o el acordarse de los pobres. Y a esta lista añado, los celos, las envidias, los pleitos, las divisiones, el juzgar a los demás y todas las obras de la carne, además de las terribles abominaciones.

¿Realmente crees amado lector, que alguien se puede quedar sentado en la banca porque de verdad ya no tiene pecado? ¿No es ya tiempo de agradar a Dios y hablar verdad los unos con los otros, y quitarnos las máscaras que en fondo todo el mundo sabe que tenemos?

La verdad es la luz que disipa las tinieblas. Cuando decides pararte en ella y hablar la verdad a cualquier precio. Cuando hayas pecado o te hayas equivocado. Cuando hayas hecho algo que a los ojos de otros está mal, y decidas hablar de todas formas la verdad; entonces Dios radiará a través de ti. Esto no es fácil. Los susurros que más se oyen del diablo son: "¡Protégete, que no vayan a pensar mal de ti, acuérdate que eres un líder y eres ejemplo de santidad! Mejor acomoda las cosas de tal manera que quedes bien ante los hombres". La respuesta de Dios a esto es: "¡No! ¡Aléjate de mi satanás!"

Si soy un líder, tengo que enseñar a mi gente la verdad, la honestidad y la humildad. Quiero ser el ejemplo que los va a hacer fuertes ante Dios, aunque los hombres digan toda clase de mal contra nosotros, mintiendo. Escojo agradar a Dios y que en mi libro, en el Cielo, se escriba: "Honró a Dios antes a que a los hombres", que protegerme en la tierra y que se escriba arriba: "Deshonró a Dios, escogió la mentira y fue alabado por los hombres."

Como dije antes, esto no es fácil, se requiere un alto nivel de cruz; se necesita entender que la muerte y el vituperio del yo, conllevan a la vida y a la resurrección. Que aunque aquí te rechacen y te persigan, grande es tu galardón en los Cielos, porque lo escogiste a El antes que a ti mismo.

Este es un principio del Reino que tiene que hacerse vida en nosotros. "El que guardare su vida la perderá, pero el que la perdiere, para vida eterna la ganará."

La gente del Reino tiene que ser un mensaje viviente. Tiene que ser verdad, aunque la verdad de nosotros mismos no nos guste. Exponerse a sí mismo clavándose con Cristo en la cruz, es entrar en una posición de luz donde no puedes ser derrotado. Y cuando los espíritus de religiosidad te claven en la cruz, por hablar la verdad, te estarán ayudando a estar en el único lugar de donde se produce el poder y de donde mana la luz que disipa las tinieblas. Esta es la luz verdadera que cuando está en las aguas del mundo atrae hacia sí todos los peces.

Es clavado en la cruz, humillándote a ti mismo, donde se empieza a mirar el rostro resplandeciente del Amado. Como David decía:

"Porque contigo está el manantial de vida; y en tu luz veremos la luz".   *Salmo 36:9*

Es ahí, cuando lo estás mirando cara a cara, que puedes ver toda la impureza de tú ser cubierta de Su gracia y de Su perdón, y puedes clamar como la Sunamita:

"Morena soy, OH hijas de Jerusalén, pero codiciable como las tiendas de Cedar, como las cortinas de Salomón. No reparéis en que soy morena, porque el sol me miró…"   *Cantares 1:5-6*

Cuando el sol de Justicia te mira, cuando El hace resplandecer Su rostro sobre ti, es cuando puedes ver el barro del que estamos hechos y decir,

"Pero tenemos este tesoro en vasos de barro, para que la excelencia del poder sea de Dios, y no de nosotros…"
2 Corintios 4:7

En el reino de las tinieblas, el diablo sabe perfectamente quien es luz, quien está clavado en la cruz y permanece clavado en la cruz; y quienes sólo dicen que son luz, pero su luz son tinieblas encubiertas de máscaras. Que tienen apariencia de piedad pero que niegan la eficacia de la misma.

Por eso hay tantos heridos en la guerra espiritual. No porque no tengamos el poder dado por Cristo; sino porque muchos quieren ir a la guerra sin vivir la cruz que derrota al diablo.

4

UN REINO DE AMOR

E ste es quizás uno de los segmentos más importantes de este libro. Y la parte medular de un intenso grito de REFORMA que está saliendo de los Cielos a toda la tierra.

"En el principio era el Verbo, y el Verbo era con Dios, y el Verb
era Dios. Este era en el principio con Dios. Todas las cosas po
fueron hechas, y sin El nada de lo que ha sido hecho, fue h
En El estaba la vida, y la vida era la luz de los hombres. L
las tinieblas resplandece, y las tinieblas no prevalecie
ella".

Como vemos en éste pasaje, la luz es l
visible de la vida de Jesús. Este Verbo fue he
entre nosotros. La vida misma salió del Pad
sangre contenida en el cuerpo de Jesús. La
en esa sangre gloriosa (Porque escrito es
la sangre está. Levítico 17:11). Esa S
por amor a todos nosotros.

La luz, la vida y el amor
uno no es sin el otro, ni el ot
amor, ni amor fuera de la l
Dios manifestándose. ¡EL

Partial text obscured by black triangular region

"Este es al amor, que Dios nos amó primero y dio a Su Hijo unigénito para que todo aquel que en El crea, no se pierda mas tenga vida eterna".   *Juan 3:16*

El amor es el principio vital de la luz, y por tanto, el origen de toda la revelación. A mayor entendimiento del amor, vendrá mayor luz, y a mayor luz, tendremos más revelación. Juan era el discípulo del amor; nadie conoció mejor el amor de Dios que él. Y a él se le dio la más grande revelación del Nuevo Testamento, el Apocalipsis.

⁻ᵗᵒl Pablo fue arrebatado al tercer Cielo, pero por
⁻ꞈes, le fue dado un mensajero de Satanás
⁻ᵐbargo, a Juan no fue necesario
⁻ˡ conoció el amor, y el amor
⁻ᵈucto del amor y la
⁻ᵈo porque la

[texto parcialmente obscurecido]

... manifestación
... carne y habitó
... para habitar en la
... luz, la vida, circulaban
...: La vida de la carne en la
... ngre que seria derramada
... están íntimamente vinculados y
... sin el uno. No hay luz fuera del
... y estos dos son la misma vida de
... SECRETO DE BRILLAR ES AMAR!

ꞈz
ꞈos
ꞈnta
ꞈ una
ꞈrreras
ꞈlas que

cubren el corazón. El que está en oscuridad solo puede ver sus propias necesidades.

La Fuerza Más Grande del Universo

Dios había empezado a hablarme de una forma muy profunda, desde el tiempo en que entrenábamos para escalar el monte Everest. Estábamos haciendo una guerra espiritual en el monte más alto del Perú, "el Huascarán", el cual tiene una cima de 7000 mts. de altura. El diablo trataba de impedir la orden de Dios de tomar las alturas de la tierra, y me envió una enfermedad al corazón que hacía imposible practicar el alpinismo y menos a esas alturas. Pero Dios me tenía bien entrenada a no hacer caso de lo que dice o hace el diablo. Yo tenia una misión divina, diseñada y hablada por Dios, y nada me detendría, aunque sentía la misma muerte sobre mí.

El dolor en el corazón empezó a ser intensísimo a medida que subíamos, de tal manera, que tenía que detenerme cada diez pasos, hasta que cedía un poco y entonces podía avanzar otro poco. Llegó el momento en que tuve que asirme de una roca alta porque sentía literalmente que me moría. No podía dar un solo paso más. Le había pedido a mi corazón un esfuerzo sobrehumano y estaba al límite de su resistencia.

El peso de una misión que irremediablemente fracasaba me llenó los ojos de lágrimas. Entonces clamé una vez más a Dios y le dije: "¿Cuál es el poder para vencer? He confesado cuanta Escritura me sé, he clamado el poder de tu Sangre y de tus llagas, el poder de tu Nombre y de tu Espíritu. ¡Por favor háblame!"

En ese preciso momento sucedió algo extraordinario; una densa nube de luz empezó a descender desde lo alto del

Huascarán, era como un manto de oro brillante translúcido, espeso y gigantesco que comenzó a cubrirlo todo. Miraba aquello extasiada, mientras la presencia de Dios se sentía por todas partes. Siguió bajando lentamente hasta que me envolvió por completo. Entonces oí una voz que salía desde ese resplandor que hablaba conmigo y me dijo: "Es mi amor, hija, es mi amor. Mi amor es la fuerza más grande de todo el universo. Porque harás cosas que no harás por ninguna otra razón". Entonces aquel manto grueso y refulgente se llenó de rostros. Eran millones de caras de peruanos. Con una profunda y dulce voz me dijo: "¡Mira cuánto les amo! ¡Mira cuánto les amo!"

De pronto, como una impresionante inyección de vida, el poder del amor me llenó por completo, y todo mi ser se llenó de vigor, como si esos millones de rostros esperanza-dos en Jesús se hubieran vuelto parte de mí; y podía hacer cualquier cosa por ellos. Todavía resplandecía el monte cuando empecé a subir. Un nuevo y grandiosísimo poder estaba sobre mí, sabia con una convicción absoluta, que venceríamos en la batalla. Esta fue una de las guerras más gloriosas de mi vida, y en la que empezó una verdadera reforma dentro de mí ser.

Este fue sólo el principio, Dios seguiría en una labor intensa, trabajando en mi corazón. Durante el año que duró el tiempo de intenso quebranto, Dios me enseñó que el amor es de origen divino. El amor es Dios. El amor es que El nos amó primero. De la misma manera que en el libro de Proverbios, vemos a la Sabiduría actuando en forma de una persona, así también, el amor, es una persona, y quiere ser tratado como tal. Esta persona es Jesús, pero es la parte de Su ser que está por encima de todos Sus atributos y grandeza. Es en esa parte de El en que se manifiesta la plenitud de Dios. El Apóstol Pablo dice:

"Porque en El habita corporalmente toda la plenitud de la Deidad, y vosotros estáis completos en El, que es la cabeza de todo principado y potestad".   Colosenses 2:9,10

Lo que nos da la plenitud, no son las grandes unciones de poder, ni de grandeza de un ministerio; ni el tamaño de una Iglesia. La plenitud sólo la da el amor. El amor es de origen espiritual, puesto que el amor es Dios. No es un asunto que provenga de una profunda emoción, ni es un asunto de la voluntad, como a muchos he oído decir: "El amor es una decisión." El amor no es una decisión, lo cual es una pura mecánica del alma. El amor es una persona que quiere existir a través de ti; que quiere amar a través de ti, que quiere fundirse contigo en tu espíritu e inundar de plenitud todo tu ser.

Es en el amor de Dios, donde se mezclan y se unen los Cielos y la tierra. La tierra esta hecha en tres dimensiones: largo, ancho y profundo y en estas tres dimensiones existe todo lo creado. Pero cuando la Biblia habla acerca del amor de Jesús, aparecen cuatro dimensiones. Largo, ancho, profundo (La tierra) y añade alto, que son los Cielos unido a la tierra en Cristo Jesús.

Esta es la unción más poderosa que ya ha empezado a descender sobre la faz del planeta; la unción de Su amor. La unción de cimiento estable que fluirá sobre los verdaderos apóstoles y profetas de los últimos tiempos. Esos son los peritos arquitectos, diseñados por Dios, para restaurar sobre la Iglesia su verdadero fundamento. "El amor de Dios", el cual, es la piedra angular de la revelación de Cristo.

La Iglesia actual está fundamentada en doctrinas. Doctrinas de bautizos, doctrinas de obras muertas, doctrinas de dones, etc., etc.

He buscado manual tras manual de discipulado, y de los que han caído en mis manos, que no son pocos, todavía no encuentro ninguno que enseñe al creyente a fundamentarse en amor. No es casualidad que estemos todos divididos por "doctrinas" y no unidos en amor. El amor no es una opción, es el más alto y el único mandamiento que Jesús nos dio. Porque el amor es la vida de Su Sangre, que amalgama y fluye por todo el cuerpo. Sin amor, el cuerpo no puede existir como tal; solo son huesos secos esparcidos y muertos.

UN VIAJE DENTRO DEL CORAZÓN DE DIOS

Vi muchas cosas durante el tiempo en que Dios quebrantó mi vida, y una de ellas fue durante un éxtasis que duró siete días en la isla de Patmos, Grecia. Ahí me llevó el Señor para enseñarme las profundidades de Su amor con las que El quiere bañar la tierra de este nuevo milenio.

Era Septiembre de 1999 cuando llegué a la pequeña isla en el mar Hageo, donde el discípulo amado tuvo la más grande sus experiencias. Desde que llegué, supe que los Cielos seguían abiertos, y la presencia de Dios se palpaba por todas partes. La isla está prácticamente virgen, y el bosque donde Juan subía a orar está todavía intacto. Ahí fue donde me instalé para vivir una de las más transformadoras visitaciones que Jesús me haya permitido vivir.

Desde el principio, el Espíritu de Dios me arrebató en un éxtasis en el que me introdujo literalmente dentro de Su corazón. Primero tuve la extraña sensación de estar frente a la cruz, como si estuviera en los mismos zapatos de Juan. Veía a Jesús colgado del madero, y me dolían en mi propio cuerpo, todas Sus llagas. Veía Su rostro amoratado y deformado, y quería abalanzarme sobre El, y limpiar con besos de amor la Sangre que escurría por Sus mejillas. El me miraba a los ojos. Los Suyos estaban casi cerrados por la hinchazón, y cristalinos por la muerte que empezaba a invadirlos. Aun así, me miraba y me llenaba de Su amor.

De sus ojos salían palabras silenciosas que me decían, "gracias por estar conmigo en mi dolor, gracias por no dejarme solo. El Padre y el Espíritu se han distanciado por causa del pecado que esta sobre mí. Tu amor me da fuerzas amado. Quédate conmigo hasta el final." "¡Si! ¡Si!" gritaba mi corazón, o el de Juan, no lo sé, era como estar mezclada con él. De pronto se empezó a estremecer el cuerpo del Señor, y un grito profundo y ahogado salió de Su boca. Sentí que me traspasaban, "!Mi amado, mi amado, no te vayas!" Gritaba mi alma. El grito de Su muerte resonaba a mis adentros, como una campana ensordecedora que se había impreso en mi alma y no podía dejar de oír.

La tierra empezó a temblar y los Cielos se oscurecieron, había confusión por todas partes. Se oían gritos y yo estaba paralizada, como Juan. Estaba viviendo todo lo que Juan sintió. Mis ojos estaban clavados en Jesús, no podía creer que mi amado estaba ahí…. muerto.

El ruido de las armaduras del ejército romano me hizo volver en mí. Con violencia y sin ninguna misericordia se acercaron a los dos ladrones colgados y les rompieron las piernas. Pero cuando llegaron a Jesús, como le vieron ya muerto, se detuvieron. Uno de los soldados se me quedó viendo con desprecio y luego se dio la vuelta, y con la lanza atravesó el corazón de mi amado. Ahí, delante de mí, vi abrirse el corazón de Jesús y Sangre y agua salieron de Su costado. Yo Juan, soy el que da testimonio de esto.

Mientras yo miraba la herida en el costado, el corazón de Jesús se transformó en el corazón del Padre. De pronto vi como una puerta que se abría en el gigantesco órgano vital y el Espíritu me arrebató al interior. Adentro era como un tabernáculo de paredes de carne. Había un Atrio, un lugar Santo y un lugar Santísimo. Ahí pasé cuatro días completos. Cada una de las partes de este impresionante lugar estaba lleno de heridas, de rasgaduras. Eran diferentes y de distinta intensidad. Estas eran las marcas de dolor que van quedando grabadas en el corazón del Padre, por causa del pecado. El pecado desgarra Sus adentros en una forma dolorosísima. Ahí dentro, había pecados que afectaban los Atrios, otros el lugar Santo y otros, donde vi las lastimaduras más fuertes, llegaban hasta el lugar Santísimo. Durante los días que pasé ahí, el Señor me habló de cada una de Sus heridas.

Pasé mucho tiempo en el lugar Santísimo, ahí el dolor era de lo más intenso. Le pregunté al Espíritu Santo qué eran estas heridas, que clase de pecados tan horribles llegaban a hacer éste daño tan profundo dentro del corazón del Padre.

Me dijo: "Estos son los pecados contra el amor, en cualquiera de sus formas; divisiones, odios entre los hermanos, calumnias, traiciones, críticas, cuando se atacan y destruyen los unos a los otros, cuando llenos de celos se persiguen, cuando aniquilan al caído y se aborrecen entre vosotros." "Estos son los pecados que más hieren al Padre", añadió.

Entonces me mostró Dios la impresionante santidad del amor. Dios es amor. Y Su amor es deslumbrantemente santo. Esta santidad emana de Su mismo corazón y es el lugar Santísimo en sí mismo.

Era una gloria reverentísima la que tuve delante de mí,

mientras Su amor me rodeaba y me consumía como un fuego de intenso poder, que me llenaba como una gigantesca ola de vida, de gracia y de misericordia. Era impresionantemente puro, sagrado, infinitamente sagrado. Era el corazón de Dios.

Como una verdad que se me imprimía en mi espíritu, el Señor me hablaba del lugar Santísimo del corazón de Dios. Este es el lugar de la comunión completa, plena, de más profunda intimidad entre Dios y el hombre. Es donde la plenitud diseñada para llenar nuestro corazón encuentra Su más alta manifestación; es ahí donde se encuentra la total y perfecta unión con Dios.

La Palabra se hacia viva en mi…
"…arraigados y cimentados en amor, para que seáis plenamente capaces de comprender con todos los santo, cuál sea la anchura, la longitud, la profundidad y la altura, y de conocer el amor de Cristo, que excede a todo conocimiento, para que seáis llenos de toda la plenitud de Dios".   *Efesios 3:17-19*

Entonces oí una voz que salía de en medio de esa santidad dad gloriosa y me decía: "Mi amor es santo, y no hay posibilidad de santidad fuera de mi amor".

La santidad no es un asunto de conducta religiosa. Es un asunto de amar, de fundirnos con Dios. De dar la vida por los demás, como El dio la vida por nosotros. Es amar desde el glorioso sacrificio de la cruz, donde se encuentra la total negación del yo, para que se pueda expresar el amor que todo lo da por los demás. Entre más nos mezclamos en esa esencia gloriosa entre nuestro espíritu y Su Espíritu; entre más dejo de ser "yo" para convertirme en "nosotros", amándolo a través de amar a mis semejantes; más me acerco a Su santidad.

Después me mostró el templo del amor en un matrimonio. Es el lugar espiritual donde las dos almas se funden con Dios. Es en el lecho conyugal donde se funde la santidad con el amor puro. Lo que sucede ahí está íntimamente ligado al corazón de Dios y es infinitamente poderoso.

Entonces me mostró la terrible abominación del adulterio y de la perversión sexual. El que pervierte el lecho conyugal llega hasta el lugar Santísimo, está tocando la santidad de Dios en el mismo lugar de Su corazón. Es como meter cerdos al lugar más sagrado de Dios.

Los pecados contra el amor, en cualquiera de sus formas, tocan la parte más delicada y sensible del corazón del Padre. El amor no es una opción, fuera de él, solo hay densas tinieblas. Y es terriblemente doloroso como herimos a Dios.

"El que dice que está en luz, y aborrece a su hermano, está todavía en tinieblas. El que ama a su hermano, permanece en luz, y en él no hay tropiezo. Pero el que aborrece a su hermano está en tinieblas, y anda en tinieblas, y no sabe a dónde va, porque las tinieblas le han cegado los ojos". 1 Juan 2:9-11

Esta es la mayor tragedia que he visto en las Iglesias alrededor del mundo. Que la gente no sabe amar, ni darse por encima de sí mismos en amor a los demás. El Apóstol Juan escribió:

"Y en esto sabemos que nosotros le conocemos, si guardamos Sus mandamientos. El que dice: Yo le conozco, y no guarda Sus mandamientos, el tal es mentiroso, y la verdad no está en El; pero el que guarda Su Palabra, en éste verdaderamente se ha perfeccionado el amor de Dios; por esto sabemos que estamos en El". 1 Juan 2:3-5

Y ésta es la Palabra que Jesús nos dio para que fuese guardada:

"Un mandamiento nuevo os doy: que os améis unos a otros; como Yo os he amado, que también os améis unos a otros. EN ESTO CONOCERÁN TODOS QUE SOIS MIS DISCÍPULOS, SI TUVIEREIS AMOR LOS UNOS CON LOS OTROS".

Juan 13:34-35

¿Podrá acaso un mundo perdido y necesitado de amor, un mundo que grita en su soledad y en sus horribles vacíos vernos como discípulos de Cristo, cuando hay tanto egoísmo, tanta división, y tanto enjuiciarnos y criticarnos los unos a los otros?

¿Tendremos acaso el valor de ver la verdad y clamar para entender el más alto concepto del universo, el amor de Dios, que es mucho más grandioso y profundo de lo que nos podemos siquiera imaginar?

El Espíritu de Dios se está asfixiando dentro del Cuerpo

Cuando mi hermana Mercedes se llenó de tumores en el cerebro, en medio de todo el sacudimiento que nos abatió, el Señor me habló tremendamente.

Ella se encontró por más de un año entubada por todos lados. La estaban manteniendo viva prácticamente en forma artificial. Lo único que le funcionaba era el espíritu, la mente y una mano. Un día que fui a verla, estaba hecha un nudito, se había convertido en nada. Me hizo una señal para que le acercara un papel y una pluma para escribir algo. Sus ojos estaban llenos de lágrimas. Con mucho esfuerzo trazó unas cuantas palabras que decían: "Es muy difícil vivir en un cuerpo que no sabe morir". Podía ver como su espíritu se asfixiaba dentro de su cuerpo paralizado.

Era dificilísimo contener el llanto, ya que se trataba del ser más cercano a mí, mi gemela univetelina. Mercedes y yo proveníamos de una misma célula que se partió en dos. Y el amor que sentíamos la una por la otra, es un amor del que sólo sabemos los que somos gemelos idénticos.

Yo me moría del dolor al verla, pero fue pero cuando llegué ese día a mi casa y me metí en la presencia de Dios. Empecé a oír al Espíritu Santo que lloraba desconsoladamente. Le pregunté sobresaltada: "¿Qué pasa Espíritu Santo, por qué lloras?" Me contestó: "La condición de tu hermana es una señal. Así está el cuerpo de Cristo viviendo artificialmente. Muchos tienen nombre de que viven, pero están muertos. Otros quieren sobrevivir, pero sin mí y les queda poco tiempo y Yo me estoy asfixiando en un cuerpo descoyuntado y enfermo".

Lloré mucho tiempo, clamando a Dios por Su cuerpo y pidiéndole perdón al Espíritu Santo. Poco a poco, tras de terribles operaciones ·le fueron removidos los tumores a mi hermana Mercedes. A medida que fue siendo llena de amor y de oraciones fervientes, de intercesores que nos entregamos hasta vencer la misma muerte, ella empezó a recuperar sus sentidos y su movilidad. Entonces me volvió a hablar el Espíritu y me dijo: "Así será en el tercer milenio. Yo tengo planeadas operaciones en que removeré los tumores de religiosidad y de carne que tienen paralizado a mi cuerpo. Unos tumores saldrán con la simple manifestación de mi Espíritu de verdad, que traerá arrepentimiento a mis siervos. Estos son los tumores que salen fácilmente, porque no están encarnados. Pero hay otros tumores que extirparé, que están tan arraigados a la carne que no los puedo sacar sin llevarme carne con ellos.

Los tumores de que te hablo son espíritus engañadores de división, de soberbia y espíritus de religión que se ha metido en mi cuerpo, y la carne son los ministros que han caído víctimas de ellos.

La Soledad de Jesús

Dios creó al hombre de lo más profundo de Su corazón y desde la misma fuente del amor. Todo hombre es un espíritu que salió de Dios. Salimos de El, pero no de cualquier parte de El. Dios estando completo en Sí Mismo y en la plenitud del amor que fluía entre la misma trinidad, decidió arrancar de Sí Mismo una parte de Su propio corazón, y crear de ahí a los hombres. Nunca más Dios iba a estar completo en Sí Mismo en el área de Su amor. Había creado un ser hecho de Sí Mismo. Su corazón estaba ahora en manos de un ser amado que podía llenarlo de gozo de un amor indescriptible, o podía también desgarrarlo con dolor y con desprecio.

Fuimos hechos a la imagen y la semejanza de Dios y nuestro corazón fue formado en el diseño de Su propio corazón. Dios creó al hombre con un corazón que necesitara de su creador para sentirse completo. Pero puso otro vacío dentro de él. "No es bueno que el hombre esté solo", creó un maravilloso "sentirse incompleto", dentro del hombre, que solo podía llenarse a nivel del alma, con alguien que vertiera su alma dentro de él; complementándose el uno con el otro, su amada.

Esto no es sino el reflejo de lo que Dios hizo con Sí Mismo. El determinó también para Su propio corazón, ese maravilloso sentirse incompleto, que solo encuentra Su plenitud cuando Su amada, "la Iglesia" se vierte en El para fundirse con Su corazón como un solo espíritu. "Padre, Yo ruego que ellos sean uno en nosotros como Tu en mi y Yo en Ti." (Jesús, Juan 17:21, paráfrasis)

El fundamento del universo y de toda la creación es el amor. Todo fue creado por causa de ésta decisión gloriosa en el corazón de Dios. Dios determinó amarnos, y esto significa, que se hizo a Sí Mismo necesitado de este amor. De tu amor y de mi amor. ¿Puede Dios necesitar algo? Sólo el que no entiende lo que es el amor diría que no. ¿No dice acaso la Sunamita en el Cantar de los Cantares? "Yo os conjuro doncellas de Jerusalén, si halláis a mi amado decidle que estoy enferma de amor" (Cantares 5:8). Y su amado sólo clama porque ella venga a El. "Hazme oír tu voz" le clama con un corazón sediento del amor de ella.

Amar es entender hasta las entrañas la terrible soledad del individualismo. Amar tiene que ver con entender lo que es hacerse uno. Dejar de ser un "Yo" centrado en mí mismo y que vivo solo para mí, para fundirme en un verdadero "nosotros."

Entre las cosas gloriosas que Dios me llevó a vivir durante el tiempo de mi tribulación, fue una noche en que Jesús se reveló en una forma inusual. Estaba quedándome dormida mientras adoraba en mi cama, cuando oí Su voz que me dijo: "¡Ven!" En ese momento mi espíritu se encontró en el mismo lugar que habíamos descendido tiempo atrás. Ese lugar oscuro con un letrero en neón que decía: "Direction Loneliness" (Dirección: Soledad).

Sólo que el lugar era más claro ahora, aunque siempre sombrío, parecía como una enorme bodega, totalmente vacía; tenía como cincuenta o sesenta metros de largo. Las paredes eran grises, y no había nada en ellas, más que el letrero de "Direction Loneliness" que aparecía en lo alto de una de ellas. La diferencia es que ahora se veía muy pequeño.

Al fondo y casi imperceptible había una silla y la figura de alguien sentado en ella. Me acerqué con cuidado. No sabía donde estaba, y el lugar no era nada acogedor. Al ir aproximándome me di cuenta de que el que estaba ahí con el rostro agachado y meditabundo, era Jesús. Estaba impresionantemente triste. Yo tuve temor de interrumpir Su quietud. Tan sólo me le quedé viendo, hasta que El levantó el rostro y me miró. Nunca olvidaré esa mirada. Traspasaba el corazón del dolor que había en El.

Entonces me atreví a hablar y le preguntó: "¿Por qué estás aquí?" "¿Por qué estás tan triste?" "¿Qué es este lugar?" "¿Dónde estamos?"

Tomó unos segundos antes de responder y luego me dijo: "Este es el lugar de mi soledad, el lugar donde mi amada NUNCA VIENE". Se me partió el corazón, al darme cuenta del terrible egoísmo que todavía nos abunda. No sabía que hacer, sólo le dije: "No Jesús, nunca más, por lo menos, yo vendré. Yo te quiero amar en todas las formas que tu seas, aún en las que sea insoportable el dolor".

"Si quiere conocer el amor", me dijo, "hay sendas de profundo dolor que tendrás que caminar a mi lado, pero verás el fruto de tu aflicción, y quedarás satisfecha".

EN LA PROFUNDIDAD DEL CORAZÓN DE DIOS

La unidad y el amor son vida, la vida de Dios manifestada en forma verdadera necesariamente busca unir y busca amar. Ama hasta la última consecuencia, hasta desangran-se en el dolor más grande, cuando se da el caso de que aquel o aquellos a los que ama, escogen la separación eterna de El.

Este es el dolor más grande en el corazón de Dios. El profundo hueco de vacío y desgarramiento, de saber que nunca más estará con los que escogieron por sus obras, el infierno. El amor no puede dejar de amar, y eternamente El los seguirá amando y añorando. Cuando Dios te permite vivir en tu propio corazón lo que El siente, cuando puedes tocar por tan solo un segundo las heridas abiertas de Su corazón, todo tu ser se quebranta, por lo agudo e insoportable que es ese dolor. No hay imaginación que lo pueda concebir, ni palabras para narrarlo; es demasiado terrible. Y cuando de verdad se llega a comprender esto harás cualquier cosa, hasta poner la vida de por medio, para que nadie se pierda.

Esta es la última y la más ferviente oración de Jesús. Es un clamor de lo más profundo de El, porque El entiende el dolor de la separación. Jesús estaba con el Padre, cuando ambos amaban y se regocijaban en el esplendor del amor maravilloso entre ellos y la primera pareja. Jesús estaba con el Padre, cuando el diablo y el pecado le arrancaron de golpe y tajo, al que ellos hicieron Su amada.

Puedo oír en mi espíritu, y casi no puedo seguir escribiendo, el incomparable grito de dolor que se oyó en todo el universo, cuando se desgarró el corazón de Dios, por la cuchillada mortal del pecado. De un instante, al siguiente, la que era la niña de Sus ojos, Su deleite, la plenitud de Su gozo, aquella sobre la cual El se vertía y ella en El, de pronto había sido arrancada violentamente de Sus brazos. Puedo percibir el silencio profundo en los Cielos. La voz de ella no se oiría más en el Jardín; la voz de El, ya no encontraría eco en un corazón enamorado y sediento de Su amor. En una parte de Sí Mismo, Dios se había quedado solo. Su amada se había entregado a la muerte. Día y noche, por siglos el diablo la destazaría, la humillaría, se gozaría llevándola a los extremos del dolor mas cruel y despiadado, y todo esto, delante de los mismos ojos de Su amado. Los ángeles presenciarían mudos una y otra vez los escalofríos de dolor que estremecen el universo. Cuando el viento soplaba en la plenitud de la noche, Oseas el profeta lo escuchaba llorar desde los Cielos.

"Cuando Israel era muchacho, Yo lo amé, y de Egipto llamé a mi hijo. Cuanto más Yo los llamaba, tanto más se alejaban de mí; a los baales sacrificaban, y a los ídolos ofrecían sahumerios. Yo con todo eso enseñaba a andar al mismo Efraín, tomándole de los brazos; y no conoció que Yo le cuidaba: ¿Cómo podré abandonarte, oh Efraín? ¿Te entregaré Yo Israel? ....Mi corazón se conmueve dentro de mí, se inflama toda mi compasión".

Oseas 11:1-3 y 8

Fue desde esa misma herida en el corazón de Dios, que Jesús saldría para venir a buscar a la que se había perdido, y devolvérsela al Padre. Este es el amor, que El nos amó primero, y dio Su Hijo unigénito.... para ser devueltos a la vida eterna.

Un pedacito de Dios, que es nuestro espíritu, sigue existiendo en cada hombre; un pedacito de Dios en cada ser humano, es un sello del amor que en lo profundo de Su ser clama por volver a encontrar ese amor del cual provino. Juan vio el corazón de su amado ser traspasado frente a sus propios ojos. Vio la herida abierta por la lanza. Jesús les había dicho: "El que me ha visto a mi ha visto al Padre". Cada llaga en el cuerpo de Jesús, cada escarnio, cada golpe, cada parte desgarrada y molida en Su carne, se marcaba indeleblemente en el corazón del Padre. "El Padre es en Mi y Yo en El corazón del Padre", y esto es verdad en cada célula de Jesús; esto es ser uno.

En medio de las tinieblas que cubrían la tierra, bajaron el

cuerpo de Jesús. Puedo ver a Juan junto con José de Arimatea, sentir junto con El cuando sacó los clavos de entre Sus manos y Sus pies. Juan tocó Sus heridas, aun calientes, sostuvo Su cuerpo inerte entre sus brazos. Sólo a El y a cinco más, tan solo seis personas, se les concedió tocar Sus heridas y limpiarlas con aceites y perfumes.

Cuando estuve en la Isla de Patmos, y el Señor me sumergió por cuatro días completos dentro del corazón del Padre, vi una estrecha relación entre el dolor y la fuente de donde mana la vida.

Uno de esos días el Espíritu me llevó a un lugar diferente. Parecía el interior de un corazón, pero no era el hermoso corazón del Padre, había heridas profundas y muy dolorosas, pero eran diferentes. Salían de ellas diversos líquidos, viscosos y oscuros, otros amarillentos o verdosos, y cada uno olía peor que le otro; era una pestilencia horrible. Le pregunté al Espíritu, en donde estaba y me dijo: "En tu propio corazón. Lo que ves y hueles, es el olor de la amargura, el hedor del resentimiento y la podredumbre del rencor". "Mira esa otra," me dijo, y vi una llaga que supuraba como una baba negra. Esa es la auto compasión y la victimización. Me quedé sin hablar, solo podía llorar de arrepentimiento.

Entonces me volvió a arrebatar adentro del corazón del Padre. El dolor era inaguantable; había heridas milenarias llenas de rasgaduras incontables, de pecado sobre pecado, que nunca habían sido sanadas. Sobre una herida, había otra, y muchas otras que no podían cerrar. Estaban ahí las bofetadas de la opinión del hombre, levantándose insolentemente contra El. Estaban las heridas de los que se mofan de las cosas sagradas que no entienden.

Al Amor lo patearon, le arrancaron la barba, le desfiguraron la cara, lo descarnaron a golpe de látigo. Sobre Sus heridas abiertas echaron el peso del madero, lo traspasaron con clavos, se burlaron miserablemente de El, ensañaron con ira contra El. Y nosotros hemos hecho esto con otros seres humanos, donde el "Amor" moraba o a quienes "El Amor" amaba. El pecado no es una cosa ligera con la que podamos seguir viviendo como si nada. Nuestros pecados siguen traspasando y lacerando el corazón del Padre.

Mi cuerpo se acalambraba de ver tanto sufrimiento, me sentía terriblemente acongojada por la parte de mi vida que contribuyó a herirlo y que muchas veces, sin querer, lo sigue haciendo. Era un lugar tremendamente doloroso, pero al mismo tiempo, había una paz inexplicable.

De cada herida salía un olor fragante, hermosísimo. No había ni amargura, ni rencor, ni pus, ni nada inmundo. Todo era limpio, claro, transparente. Pasé horas enteras simplemente amándolo en ese lugar, y aún lo sigo haciendo en mis tiempos de intimidad con El. Al amarlo con todo mi corazón, en ese mismo lugar, en donde nuestras actitudes de altivez lo han rechazado, se van cerrando algunas de Sus heridas. El amar sana heridas, esto es lo que hizo Juan en el Gólgota, y lo que siguió haciendo todos los días de su vida. El Apóstol Juan entendió lo que era hacerse uno con El, en todas las cosas.

Juan entendió el poder de amar a Jesús, en cada ser humano. Cuando amas de esta manera, los Cielos se abren. Dios se revela a los que verdaderamente le aman. El está buscando adoradores en espíritu y en verdad. Jesús no está buscando gente que hable en lenguas, cuyas vidas son triviales y sin compromiso. Adorarle a El es amarle a El con todo nuestro corazón, con todas nuestras fuerzas y con todo nuestro ser; y sanar Sus heridas amándonos los unos a los otros.

Estando en aquel éxtasis en el corazón de Dios, sucedió algo maravilloso. Estaba entregada en un profundo amor, pidiéndole que usara mi vida para sanar Sus heridas. Que me llevara al mundo, para restaurar Su amor sobre la faz de la tierra, cuando se abrió como una puerta, o más bien una hendidura, o una enorme válvula cardiaca. De ahí salió una luz resplandeciente y cegadora, y de en medio del resplandor se oyó la voz del Padre que decía: "Esta es la fuente de mi amor". Entonces apareció una visión dentro de la visión. Como si fuera una pantalla translúcida en medio del corazón de Dios. Vi dos hombres que peleaban. Uno de ellos se encendió en ira y vociferaba contra el otro. En ese momento, una mano invisible rasgó una de las paredes del corazón de Dios y se hizo una herida dolorosísima. El hombre de la ira salió expelido, separado de Dios a una velocidad vertiginosa; yo solo miraba y guardaba silencio.

De pronto, de en medio de aquella herida que se había hecho, empezó a salir un poderoso chorro de luz refulgente. Venia de la fuente del amor; y como un enorme cordel de luz, alcanzó al hombre que había pecado por medio de la ira, y empezó a traerlo otra vez hacia Sí. Entonces volvió a hablar el Padre desde el resplandor y dijo: "No soporto estar separado de aquellos que amo. Esta es mi misericordia, que es parte de mi gran amor, que cuando os hacéis distantes, Yo me derramo en vosotros para volveros a acercar a mi".

"Ve", me dijo, "y llena la tierra de mi amor, y has discípulos de mi amor. Estos son mis verdaderos discípulos, los que manifiestan mi amor entre los hombres, amándose unos a los otros. Te van a humillar muchas veces y te van a desechar, por causa de este amor, pero tú sé humilde y vuelve a buscarlos, como Yo también los busco sin descanso a todos vosotros. Mi amor es infinitamente humilde".

"Ponme como un sello sobre tu corazón, como una marca sobre tu brazo; porque fuerte es como la muerte el amor; duros como el sepulcro los celos; sus brazas, brasas de fuego, fuerte llama. Las muchas aguas no podrán apagar el amor, ni lo ahogarán los ríos. Si diese el hombre todos los bienes de su casa por este amor, de cierto lo menospreciarían".   *Cantares 8:6-7*

Jesús rogó al Padre y ésta fue Su última oración:
"Padre que sean uno; como tú, oh Padre, en mi, y Yo en ti, que también ellos sean uno en nosotros; y PARA QUE EL MUNDO CREA QUE TÚ ME ENVIASTE".   *Juan 17:21*

LA ESPOSA DEL CORDERO

La Biblia cierra sus páginas con el más grande llamado de amor de Jesús a Su Iglesia. La invitación a entrar en una relación matrimonial con El. El se ha revelado a través de las eras como Salvador, como Sanador, como Proveedor, como Libertador, y así, de tantas maneras; pero Su más maravillosa manifestación es la del "Esposo".

El verdadero llamado a seguir a Jesús es el del compromiso de ser su esposa. El mismo llama "bienaventurados" a todos los invitados a la cena de las bodas con él. Lo curioso del pasaje en Apocalipsis 19 conocido como "Las bodas de Cristo" es que no se describe ninguna boda, ni tampoco se ve una novia y un novio. Sólo hay una cena y muchos invitados.

La realidad es que cuando nos unimos a Jesús para ser UN

ESPÍRITU con Él, entramos en un pacto y una unidad matrimonial con El.

En esta unidad nos vamos casando día a día más con el Señor. Es como un matrimonio en la tierra, una cosa es firmar los papeles y otra cuando los cónyugues se van uniendo en los mismos pensamientos, los mismos anhelos, las misma s metas, en fin...un mismo corazón.

Desgraciadamente hay parejas que nunca se funden el uno con el otro, porque cada uno busca lo suyo. Desconocen el maravilloso poder de ir cediendo e irse nutriendo con su pareja hasta que los dos son en realidad uno solo.

Note como en el último libro de la Biblia el Espíritu y la esposa están llamando al mundo perdido a venir a Jesús.
El llamado a ser Su esposa es ahora, mientras estamos en la tierra. Jesús quiere ser uno con su amada para que el mundo crea que Él fue enviado.

"Y el Espíritu y la Esposa dicen: Ven. Y el que oye, diga: Ven. Y el que tiene sed, venga; y el que quiera, venga y tome del agua de la vida gratuitamente".   *Apocalipsis 22:17*

Desgraciadamente muchos no entran en este nivel matrimonial porque piensan que las bodas serán en el cielo en un futuro. Cuando uno se une a su cónyugue los dos se hacen una sola carne, cuando uno se une al Señor, los dos se hacen un solo Espíritu.

Por eso no se ve una boda en el capítulo 19 de Apocalipsis sino una cena. Esta es la comunión con su sangre y con su carne, elementos que al tomarlos nos van fundiendo más y más con

Cristo. (Para mayor profundidad en este tema, lea mi libro comed de mi carne, bebed de mi sangre.)

En el cuerpo de Cristo, hay diferentes niveles de relación con el Señor: Uno es el nivel de hijo. Los hijos buscan a Dios como Padre. Quieren sentarse en Su regazo, sentir Sus caricias amorosas, pero sobre todo, a los hijos les interesa la herencia. Los que tienen este nivel de relación, se pasean por el mundo sintiéndose los hijos del Gran Rey. Ellos buscan los favores de Su Padre; saben que son linaje escogido y real sacerdocio. Cuando se predica de la herencia de los santos, o de poseer la tierra, los hijos se desbordan de gozo porque son hijos y por tanto herederos.

Otro nivel es el de los siervos: Los siervos son humildes, serviciales, fieles, y en su corazón anhelan el día en que se darán los galardones. Ellos sueñan con la Corona de Justicia, con la Corona de la Vida, con oír un día decir al Padre: "Bien, buen siervo y fiel, en lo poco has sido fiel, en lo mucho te pondré".

A ellos les gusta ocupar posiciones en donde puedan influenciar a mucha gente. Muchos de ellos anhelan ser hallados dignos de la fama que Dios otorga. Y aunque estos niveles de relación son maravillosos, hay un nivel que es más alto y éste es el de la esposa del Cordero.

Los Apóstoles de Jesús lo siguieron por diferentes razones; unos, porque se maravillaban de los milagros; y otros, porque estaban buscando posiciones en el Reino. "¿A quien dejarás cuando te vayas?" le preguntaban. Pero solo uno, Juan, le siguió como "Su amado".

La que es esposa, no está buscando ni herencia ni

galardones, ni posiciones, ni fama; ella lo que quiere es a El. Ella está profundamente enamorada de El, y hará lo que sea por su amado. Irá a donde quiera que El vaya.

La esposa, está unida al Espíritu, y juntos tienen un clamor que no los deja ni de día ni de noche. Ella lo único que quiere, es estar con El; mirar Sus ojos y perderse por horas enteras en la frescura y en la intensidad de Su mirada. Su grito y su clamor es un continuo "¡Ven!"

Ella se levanta en la madrugada y no puede empezar el día, sin sentirlo a su lado. Sus primeros pensamientos son El y nadie más que El. Su corazón reboza de música de amor por su amado. Todavía ni bien se ha despertado y ya está bañada de Su presencia gloriosa. Sus labios están llenos de Su nombre: "¡Jesús, Jesús, Jesús!" Hay tanta plenitud en ese nombre que no puede dejar de pronunciarlo. Es ungüento derramado sobre todo su ser. Es el aire que ella respira, es la única bebida que la sacia.

Oír Su nombre, oírlo resonar en sus adentros, mientras El la colma de bien y la enamora con los besos de Su boca, es su primordial deleite. Sus besos son el aliento de vida que une a los dos espíritus. Es cuando las palabras son ya insuficientes y lo único que ellos desean es fundirse el uno con el otro. Este es el clamor de El:

*"Padre que sean uno en nosotros, como Yo en ti y tu en mí".
Y el de ella: ¡Oh, si El me besara con los besos de su boca!
Porque mejores son tus amores que el vino. Atráeme; en pos de ti
correremos. El Rey me ha metido en sus cámaras..."*
Juan 17:21 (Paráfrasis), Cantares 1:2 y 4

Cuando El la besa, el corazón de ella parece estallar de

gozo inefable; y el beso de ella inunda los Cielos de un aroma delicioso. En una ocasión, mientras adoraba y sentía "esos besos de Su boca: el Señor me llevó en espíritu a los Cielos. Estando ahí, vi a Jesús sentado en Su Trono y alrededor de El la más magnifica adoración celestial. Había miríadas de ángeles entonando cánticos hermosísimos, otros volando en derredor haciendo giros y piruetas, en una danza llena de armonía y perfección, mientras la gloria radiaba por encima del Trono haciendo unos reflejos de luz que dejaban sin habla.

Yo me encontraba cerca del Trono, a una distancia en que fácilmente podía ver el rostro de Jesús. El estaba complacido con la adoración, pero Sus ojos denotaban insatisfacción. Su presencia era reverentísima, no se podía interrumpir bajo ninguna circunstancia; así que permanecí en quietud observando todo detenidamente.

Al mirar Su rostro sentí un gran desanimo al pensar que si esa adoración no lo llenaba, ¿Qué esperanza tenia yo de que mis pobres cantos lo complacieran?   De pronto sucedió algo, el rostro de Jesús empezó a transformarse y a llenarse de una luz gloriosísima. Se inclinó quedando apenas sentado en el borde del Trono, como que algo importantísimo estaba a punto de suceder. Entonces levantó ambos brazos e hizo un ademán ordenando a todos los ángeles que guardaran silencio. Al instante todos se callaron; yo no me atrevía casi ni a respirar. Todo quedó estático, en un orden de lo más solemne. Los ángeles que danzaban se habían hecho hacia las orillas y delante del Trono se veía un embaldosado de azul profundo. De en medio de este empezó a surgir un listón de humo, que subía hasta tocar el rostro de Jesús. El empezó a olerlo y todo el lugar se llenó de una fragancia exquisita. Mientras disfrutaba de este extraño perfume, Su rostro se llenaba de alegría y radiaba más intensamente.

Fue en ese momento que se dio la vuelta y miró hacia donde yo estaba. Su mirada se encontró con la mía y sentí que me traspasaba con un amor maravilloso. Entonces me dijo: "Esto es lo que llena de plenitud mi corazón, la verdadera y sincera adoración de mi amada." Volví de la visión con un profundo sentimiento de gratitud, al pensar que nosotros siendo nada, en comparación con lo que El es, y sin embargo, que podamos deleitarlo tanto con nuestros amor y con nuestra adoración.

En las Iglesias y en los congresos donde Dios me lleva, observo muchas veces a la gente cuando llega el momento de adorar. Tristemente la gran mayoría solo cantan para llenar el momento, pero sus mentes y sus corazones no están con El; pero entre ellos hay un remanente cuya voz traspasa el techo y llega hasta los mismos Cielos. Es la esposa del Cordero que está buscando ese beso, esa unión de sustancias en lo profundo del espíritu, que es donde se toca y se bebe de la vida.

….."El que tenga sed, venga." Ella siempre tiene sed de El. El día que no lo ve cara a cara, (porque a la amada se le ha concedido ver Su rostro) o que por alguna razón Su voz no se dejó escuchar, ese día ella se siente incompleta. La esencia vital de su ser se ha hecho ausente y ella sale a buscarlo con gran vehemencia. Ella no se detendrá ante nada, se expondrá al peligro si es necesario, correrá de día y de noche. Sacudirá los Cielos con su clamor. No se dará por vencida, ella ha probado del agua del amor matrimonial, y ya no puede vivir sin El.

"Abrí yo a mi amado; pero mi amado se había ido, había ya pasado; y tras su hablar salió mi alma. Lo busqué, y no lo halle; lo llamee, y no me respondió. Me hallaron los guardas que rondaban la ciudad; me golpearon, me hirieron; me quitaron mi manto de encima los guardas de los muro. Yo os conjuro, oh doncellas de

Jerusalén, si halláis a mi amado, que le hagáis saber que estoy enferma de amor".
Cantares 5:6-8

Es a la esposa a quien le son revelados los secretos íntimos del esposo. Es a ella a quien El abre Su corazón para darle partes suyas que no se las puede dar ni a Sus siervos, ni Sus hijos, sino solo a ella.

Hay un amor que viene de Dios, que no es el amor del Padre, ni del Amigo, ni del Maestro. Es un amor pasional, es un amor, que es fuego líquido que corre por las venas. Es un amor que incendia el espíritu y te envuelve en una braza que te trasporta a lugares con El, que solo están reservados para la esposa.

Este amor busca poseerlo todo; no se conforma con fragmentos de amor, lo quiere todo. Hará lo que sea por derribar todo obstáculo que se interponga entre El y Su amada. Es como un río turbulento, que nadie puede detener. Arrasa y derriba sin piedad todo lo que lo aísla de Su más grande amor. Este tipo de amor, inevitablemente destruye y despedaza el ego, el cual es el enemigo mortal del amor. Se levantará como león enfurecido contra las fortalezas del miedo, con las que el hombre autoprotege su corazón, para amar con reservas.

"Porque de cierto el que teme no ha sido perfeccionado en el amor".
1 Juan 4:18

Este tipo de amor no admite un compromiso a medias, ni corazones cautelosos para entregarse. Hará añicos la arrogancia y la autosuficiencia. Demandará todo de ti, para vertirse todo en ti. Pasará muchas veces por encima de la prudencia, poniendo en vergüenza el fariseismo y la religiosidad. Este tipo de amor no respeta los formalismos, ni las estructuras del hombre.

Es el mismo Jesús como se le vio liberando y sanando en el día de reposo, sin importarle los protocolos de la ley. Porque la esencia de la ley es el amor; y el amor es primero que las reglas. Es el mayor de todos los atributos de Dios. Es más alto que la Justicia, la Sabiduría, y que la ley misma. El amor matrimonial de Dios es como un fuego consumidor que te llevará a veces a lugares aterrantes, donde el alma limitada del hombre se llena de vértigo al ver hasta donde el amor de Dios es capaz de entregarse; y es entonces, cuando te hace la pregunta: "¿Me seguirías hasta donde Yo vaya? ¿De verdad me amas de tal manera, que te quieras hacer uno conmigo en todo lo que Yo soy, y en los más profundos niveles de mi amor?"

"Así como Yo amo", dice el Señor, "Yo pongo todos los días mi corazón abierto y sin reservas en las manos de cada ser humano y todos los días lo hacen pedazos. Y al día siguiente, no les doy menos de mí, sino que lo vuelvo a poner todo. Expuesto, sin cautelas, ni limites, para que vuelva a ser destrozado. Y mientras lo apuñalan día tras día, en los Cielos retumba mi voz ¡Padre perdónalos, porque no saben lo que hacen!"

El hombre racional tiene terror de amar, porque amar cuesta todo. Porque el amor y el dolor están intrínsecamente unidos. La que es verdaderamente la esposa del Cordero, lo seguirá hasta donde El vaya. Ella no cuestiona, ella solo lo sigue. Confía plenamente en El, y aunque El la lleve hasta la misma muerte, ella sigue confiando en El. Ella lo conoce íntima y profundamente. Y la muerte para ella es su victorioso final, el cual la unirla a su primordial objetivo: su amado.

En una ocasión en la que el Señor preparaba mi corazón para las tremendas pruebas que se avecinaban a mi vida, trajo un sueño que me sacudió hasta las fibras más sensibles de mi corazón: Me vi flotando en el espacio sideral. Nuestro planeta se veía pequeño en la distancia. Entonces vi una enorme pistola de plata, de cañón corto, pero muy poderosa. En ese momento, empezaron a ser disparadas unas balas de plata que lentamente salían una tras otra y se aproximaban a la tierra.

Como en un acercamiento de cámara fotográfica, mi espíritu penetró la atmósfera, hasta el punto en que podía ver con nitidez a la gente en medio de una ciudad. Las gigantescas balas empezaron a llegar a ellos, y salieron todos corriendo dispersándose por las calles en todas direcciones, mientras gritaban repetidas veces: "¡No, no lo queremos!"   Las balas entonces caían a tierra y se deshacían.

Entonces vi entre la multitud enloquecida, unos que se quedaban quietos, y sonrientes extendían las manos y esperaba que las balas cayeran sobre ellos. Cuando éstas penetraban sus cuerpos, la plata se transformaba en luz, y eran invadidos del indescriptible resplandor de Dios. Poco a poco se empezaron a transfigurar hasta que lo único que se veía era la imagen de Jesús.

Cuando desperté del sueño, le pregunté al Señor: "¿Qué son las balas?"   "Es mi amor", me contestó. "¿Tu amor? ¿Y por qué lo identificas con balas?" Inquirí. "Porque este tipo de amor es un amor que mata. Conocer las profundidades de mi amor, es también conocer las dimensiones más hondas del dolor y entender el precio que significa y que cuesta amar la verdad. Muchos quieren nada más mis bendiciones, pero ellos no me conocen, aunque saben acerca de mí. Conocerme, significa penetrar, entender y hacerse uno con todo lo que Yo soy".

"Yo estoy escogiendo de entre mi pueblo, a los que serán

mi esposa. Ellos son los que han crucificado al mundo, y todos sus deseos para seguirme a mí. Y Yo me voy a transfigurar en ellos, y mi gloria será vista en ellos, porque Yo honro a los que me honran. Y el mundo sabrá quienes me conocen y me han visto y quienes nada más hablan de oídas, pero tienen mas temor del hombre que de mí".

"Y el Espíritu y la Esposa dicen: Ven. Y el que oye, diga: Ven. Y el que tiene sed, venga; y el que quiera tome del agua de la vida gratuitamente".

Apocalipsis 22:17

5

LA DIMENSIÓN DEL REINO INVISIBLE

"Por eso Jesús, respondiendo, les decía: En verdad, en verdad os digo que el Hijo no puede hacer nada por Su cuenta, sino lo que ve hacer al Padre; porque todo lo que hace el Padre, eso también hace el Hijo de igual manera".

Juan 5:19

D ios quiere llevarnos a dimensiones gloriosas en este nuevo siglo XXI, quiere que entendamos y vivamos cosas que ojo no vio ni oído oyó, ni han subido en corazón de hombre, pero que Dios las preparó para los que lo aman, y las está ya entregando a los que están listos para reinar con El.

El Señor quiere que entendamos que Su Reino invisible lo ha hecho accesible para nosotros a través de Jesucristo, Su hijo, y así podamos mirarlo, escucharlo, sentirlo y aún penetrarlo y movernos dentro de El.

Jesús vino a este mundo por tres objetivos primordiales:
1. **Para salvar al mundo de pecado.**
2. **Para deshacer las obras del diablo.**
3. **Para traer en medio de nosotros el Reino de Dios.**

El mismo dijo echando fuera un demonio: "Si por el dedo de Dios echo fuera demonios, quiere decir que el Reino de Dios se ha acercado". EL vino para ser el camino que une dos mundos, dos reinos, dos dimensiones diferentes: el Reino Espiritual y el material. Yo le pido que abra su espíritu al leer estas líneas, ya que los principios que estoy a punto de presentarle son la llave para penetrar en la posesión de la mayor riqueza espiritual que usted haya experimentado.

"Dándonos a conocer el misterio de Su voluntad, según Su beneplácito, el cual se había propuesto en Sí mismo, de reunir todas las cosas en Cristo, en la dispensación del cumplimiento de los tiempos, así las que están en los cielos, como las que están en la tierra".

Efesios 1:9-10

Este es el principio glorioso que hemos empezado a descubrir en este libro. En Jesús los dos ámbitos están unidos. En El, los Cielos son una realidad visible y palpable, lo mismo que la tierra. En Jesús no hay ninguna limitación en pasar de un lado al otro, en moverse en una dimensión o en la otra. El decía: *"Todo lo que veo hacer al Padre eso hago. Todo lo que oigo al Padre, eso hablo".* Esta es nuestra gran herencia, el poder disfrutar de los dos ámbitos, el poder penetrarlos, experimentarlos, vivirlos y hacer que las verdades de ese Reino invisible se traspasen de una dimensión a otra.

Jesús vino al mundo a manifestar el Reino de Dios, no a darnos sermones de comportamiento, ni a decirnos un montón de reglas de lo que hay que hacer y lo que no. Eso ya estaba escrito en la ley. Jesús vino a devolvernos lo que se había perdido: El Reino de los Cielos visible en la tierra. Jesús al venir en carne hizo posible que los Cielos y la tierra fuesen uno y que estos dos ámbitos fuesen palpables a través de dos tipos diferentes de ojos, los naturales y los del entendimiento espiritual.

Lo que el hombre perdió en el Jardín del Edén, fue tener en él, la misma imagen de Dios. Dios hizo al hombre a Su imagen y a Su semejanza, y esto no se refiere a nuestra forma externa, ni a nuestras cualidades internas en nuestra alma. La imagen de Dios en Adán era la que le permitía ver a Dios a cara descubierta. Era la que le permitía hablar con El en el fresco de la tarde. Dios y el hombre eran Uno, y de esta forma tenían la misma imagen.

Las vestiduras de la Gloria de Dios lo cubrían y por eso no se sentía desnudo. Las dos dimensiones eran visibles al mismo tiempo, es decir, ser a la imagen de Dios. Es la voluntad de Cristo que podamos ver, sentir y movernos en estas dos dimensiones. Para que esto suceda es necesario que nuestro espíritu sea liberado de los densos velos de incredulidad y de oscuridad que ensombrecen la mente y nos impiden ser quien Dios determinó que fuéramos: una Iglesia sin límites, conforme a la Imagen del que nos creó. Pablo quien entendió estas dos dimensiones, quizás como ningún otro apóstol, escribe:

"Pero el entendimiento de ellos se embotó; porque hasta el día de hoy, cuando leen el antiguo pacto, les queda el mismo velo no descubierto, el cual por Cristo es quitado. Y aun hasta el día de hoy, cuando se lee a Moisés, el velo está puesto sobre el corazón de ellos. Pero cuando se conviertan al Señor, el velo se quitará".

2 Corintios 3:14-16

Quiero que note aquí, como la Palabra habla de un embotamiento en la mente y un velo en el corazón, que tiene que ser quitado. Ahora bien, quiero llevarlo a una profundidad mayor que el nivel de salvación. Aquí hay que entender que esta conversión de la que está hablando el Apóstol, no se refiere tan solo al momento de aceptar a Cristo como Señor y Salvador, sino a la conversión genuina del corazón que nos hace entrar en las dimensiones sobrenaturales del Reino de Dios.

La gran mayoría de los cristianos de hoy tienen grandes dificultades en creer, que Dios quiere que sus vidas se muevan en un impresionante poder sobrenatural. Mucho menos pueden creer en la posibilidad de ver los Cielos abiertos y la gloria de Dios manifestándose. Sin embargo, la Escritura de Corintios continúa diciendo:

"Porque el Señor es el Espíritu; y donde está el Espíritu del Señor, allí hay libertad".   *2 Corintios 3:17*

Este versículo normalmente es usado para justificar el hablar en lenguas, danzar, aplaudir y cualquier manifestación de expresión externa, no obstante no es a estas cosas a lo que se refiere la Escritura. Lo que el Espíritu Santo escribió a través del Apóstol Pablo cuando habla de la verdadera libertad, es lo siguiente:

"Por tanto, nosotros todos, mirando a cara descubierta como en un espejo la gloria del Señor, somos transformados de gloria en gloria en la misma imagen, como por el Espíritu del Señor".
                                    2 Corintios 3:18

¡Qué impresionante! Lo que está diciendo Pablo, es que al rasgarse el velo que embota nuestro entendimiento, podemos ver a cara descubierta todo lo que tiene que ver con el Reino de Dios. Ahora, cuando el Espíritu Santo usa la palabra "mirar" no quiere decir sentir escalofríos o temblores, sino que quiere decir "VER". Esta es la promesa de la libertad del Espíritu para nosotros, que todo lo que nos embota la mente, los velos de tinieblas, de oscuridad y de limitación espiritual; son rasgados por el Espíritu y esto nos lleva a un encuentro "cara a cara con la gloria de Dios".

La verdadera prisión se encuentra en la mente, que llena de corrupción, incredulidad y de estructuras humanas de entendimiento, ha sido cegada por el diablo. De lo que tenemos que ser liberados, es de nosotros mismos, de nuestras formas lógicas y limitadas de ver y hacer las cosas.

"En los cuales el dios de este siglo cegó el entendimiento de los incrédulos, para que no les resplandezca la luz del evangelio de

la gloria de Cristo, el cual es la imagen de Dios".   2 Corintios 4:4

Incrédulos no son solamente los que no han venido a la salvación, sino todos los que por su incredulidad, no pueden entrar en las dimensiones sobrenaturales del Reino de Dios. Los que viven un Evangelio mental, pero no han entendido lo que verídicamente significa entrar y poseer el Reino de Dios. Me atrevo a decir que hay millones de personas que son salvas, pero que jamás han entrado a poseer todo lo que el Reino de Dios provee para nosotros. Creen que entrarán cuando mueran y se vayan al Cielo, pero esto no es lo que Jesús vino a enseñar. El dijo: "El Reino de Dios está entre vosotros".

El diseño de Dios para transformarnos a Su imagen, no son mil sermones, ni quinientos libros de autores maravillosos, sino un "encuentro con El, a cara descubierta". El Cristianismo de hoy, desgraciadamente en la mayoría de los casos, se compone de gente más o menos instruida e informada, pero que no se ha convertido a las dimensiones de Su gloria para ser transformada a la imagen de Dios.

Jesús vino a restaurar lo que se había perdido, y lo que se perdió primordialmente fue la imagen de Dios en el hombre. El Jesús que se hizo carne es la imagen de Dios en este plano terrenal, pero Jesús se movía simultáneamente en el mundo espiritual así como en el mundo natural.

Es volver a conformarnos a Su imagen, lo que nos permite movernos en todo el poder del Reino de Dios. Es volver a tener Su imagen, lo que abre las puertas celestiales para recibir las más asombrosas revelaciones de Su gloria. La Escritura dice:

"El primer hombre es de la tierra, terrenal; (refiriéndose a la

naturaleza caída de Adán) el segundo hombre, que es el Señor, es del cielo. Cual el terrenal, tales también los terrenales; y cual el celestial, tales también los celestiales. Y así como hemos traído la imagen del terrenal, traeremos también la imagen del celestial".

1 Corintios 15:47,48, 49

El Señor quiere que volvamos a tener Su imagen mientras estamos aquí en la tierra; y la forma en que El diseñó esta maravillosa transformación es a través de un encuentro vivo y real con la gloria de Dios. Cuando estás mirando esa gloria, cuando puedes pasar horas mirándolo a cara descubierta, tu espíritu empieza a impregnarse de todo lo que Él es. Es una experiencia real que afecta todo tu ser. Cuando lo miras a Él, tu nivel de fe llega a estaturas estratosféricas y todo se torna posible y factible.

La prisión verdadera en que nos encontramos es nuestra propia mente, llena de incredulidades y de velos que nos impiden ver. Pero gloria sea a Dios, que proveyó para nosotros el Espíritu, para que donde El esté, venga la liberación de nuestro espíritu, y podamos entrar a las dimensiones y a los niveles extraordinarios que consisten en poder ver el Reino de Dios.

"Porque Dios, que mandó que de las tinieblas resplandeciese la luz, es el que resplandeció en nuestros corazones, para iluminación del conocimiento de la gloria de Dios en la faz de Jesucristo".   *2 Corintios 4:6*

Al Apóstol Pablo casi se le oye gemir en la Epístola de los Efesios, cuando ruega lleno del fuego de Dios:

"No ceso de dar gracias por vosotros, haciendo memoria de vosotros en mis oraciones, para que el Dios de nuestro Señor Jesucristo, el Padre de gloria, os dé espíritu de sabiduría y de

revelación en el conocimiento de El, alumbrando los ojos de vuestro entendimiento, para que sepáis cuál es la esperanza a que El os ha llamado, y cuáles las riquezas de la gloria de Su herencia en los santos, y cuál la supereminente grandeza de Su poder para con nosotros los que creemos, según la operación del poder de Su fuerza, la cual operó en Cristo, resucitándole de los muertos y sentándole a Su diestra en los lugares celestiales…"

Efesios 1:16-20

El verdadero encuentro con la libertad del Espíritu lo llevará a ver el Reino de Dios y Su Gloria. El clamor del Espíritu Santo es ver una Iglesia transformada, moviéndose en el mismo poder de Jesucristo, y haciendo mayores obras que las que El hizo cuando estuvo en la tierra, como El mismo lo anunció.

¿Se puede realmente ver a Dios y vivir? Desde luego que sí. Esta es la experiencia de gloria reservada para todos los que aman a Jesús de verdad. El dijo:

"Todavía un poco, y el mundo no me verá más; pero vosotros me veréis; porque yo vivo, vosotros también viviréis".   *Juan 14:19*

El enseñó diciendo:
"Bienaventurados los de limpio corazón, porque ellos verán a Dios".

Mateo 5:8

"Seguid la paz con todos, y la santidad, sin la cual nadie verá al Señor".

Hebreos 12:14

También orando al Padre dijo:
"Padre, aquellos que me has dado, quiero que donde Yo estoy, también ellos estén conmigo, para que vean mi gloria que me has dado…"

Juan 17:24

Cuando el manto y la unción profética se manifestaban en el Antiguo y el Nuevo Testamento, los siervos de Dios vieron la gloria de muchas maneras. El Espíritu de la profecía es el testimonio de la verdad revelada de todo lo que es Jesús.

Daniel vio al Anciano de Días sentado en Su Trono de fuego. (Daniel 7:9)

Ezequiel vio la expansión de Su Gloria y los querubines alrededor del Trono. (Ezequiel 1)

Jacob vio los Cielos abiertos y ángeles que subían y bajaban. (Génesis 28:10-17)

Moisés hablaba con Dios cara a cara como quien habla con su compañero. (Éxodo 33:11)

Gedeón vio al Ángel de Jehová, que no es otro sino Jesucristo antes de Su parusía en carne. (Jueces 6:12)

Lo mismo lo vio Josué en la forma de un varón con una espada. (Josué 5:13)

Pablo fue arrebatado al Cielo, donde vio cosas inefables. (2 Corintios 12:2)

Juan fue llevado innumerables veces al Cielo para ver todo el Apocalipsis. Y así, son incontables los ejemplos de la realidad de las dos dimensiones uniéndose, y los hombres entrando y viviendo el Reino de Dios.

Esto no sucederá de la noche a la mañana en tu vida, toma tiempo y dedicación. Necesitas entrenar tu mente para callarla, para que puedas escuchar al Espíritu. Es necesario aprender que en los silencios con el Señor, algo maravilloso empieza a suceder. Es en esta búsqueda, que Dios empieza a manifestarse. El alma sujeta al Espíritu, empieza a menguar y a convertirse, o sea a transformarse al Señor. Es ahí, en ese momento, que los velos se rasgan y comienza la primera experiencia.

Primero será un resplandor delicado o una fuerte presencia de Su Espíritu. Luego irá creciendo, el resplandor se irá definiendo más y más, hasta que empieces a percibir Su rostro. No se trata de imaginar Su rostro, se trata de recibir Su imagen en tu espíritu. Su imagen no es como los cuadros del renacimiento. Dios es polifacético, tiene muchas formas. Cada manifestación de Sus atributos, de Su poder o de Su mismo Nombre, muda la configuración de Su imagen. Es precisamente esto, lo que te rompe los moldes y empiezas a conocerlo verdaderamente como El es, como persona.

Esta es la promesa de Dios para tu vida y tienes que apropiarte de ella, cueste lo que cueste, porque es verdaderamente la perla de gran precio. El dijo y El hará.

"Porque el Señor es el Espíritu; y donde está el Espíritu del Señor, allí hay libertad. Por tanto, nosotros todos, mirando a cara descubierta como en un espejo la gloria del Señor, somos transformados de gloria en gloria en la misma imagen, como por el Espíritu del Señor".   *2 Corintios 4:17, 18*

JESÚS VINO A MANIFESTAR EL REINO DE DIOS

Estamos hablando de cosas extraordinarias, quizás nuevas para muchos, porque es necesario entender que estamos entrando a la era más gloriosa de la historia. Todas las cosas están siendo sacudidas, trasformadas porque está escrito:

"...y El envíe a Jesucristo, que os fue antes anunciado; a quien de cierto es necesario que el cielo reciba hasta los tiempos de la restauración de todas las cosas...."   *Hechos 3:20-21*

El mismo Espíritu nos anuncia:

*"La voz del cual conmovió entonces la tierra, pero ahora ha prometido diciendo. Aún una vez, y conmoveré no solamente la tierra, sino también el cielo. Y esta frase: Aún una vez, indica la remoción de las cosas movibles, como cosas hechas, para que queden las inconmovibles. Así que, **recibiendo nosotros un Reino inconmovible**, tengamos gratitud, y mediante ella sirvamos a Dios…."*   *Hebreos 12:26-28*

Lo que Jesús vino a darnos no fueron enseñanzas morales, ni a enfatizar la ley, Jesús vino a traernos el Reino de Dios, no para después que muramos y vayamos al cielo sino aquí y ahora. El vino a ser testigo de ese Reino, vino a manifestar en Su propia vida, todo lo que es el Padre. Lo más impresionante de Su ministerio no era lo que decía, sino la sobrenaturalidad de Sus hechos.

"Si no hago las obras de mi Padre, no me creáis. Más si las hago, aunque no me creáis a mí, creed a las obras, para que conozcáis y creáis que el Padre está en mí, y Yo en el Padre".
Juan 10:37-38

Jesús quería mostrarnos todo lo que sucede cuando el Reino de Dios se manifiesta. ¿Por qué Jesús caminó sobre las aguas? ¿Tenía algún sentido? ¿Quería acaso que los predicadores tuviéramos un bonito pasaje para predicar sobre cómo caminar sobre las circunstancias? ¡No! Quería manifestar el Reino. Quería decirnos: "Si te mueves en mi Reino, éste es una dimensión espiritual que domina aún toda la materia. Mi Reino es más poderoso que todo lo creado. Domina sobre todas las cosas".

A Pedro le dijo: "¿Quieres probarlo? ¡Ven, camina tú

también! Lo que vengo a traerles y a enseñarles es para ustedes también, ¡sal de la barca Pedro!" (Paráfrasis) Y Pedro invadido, poseído por la fe que produce el Reino, entró en esa dimensión y empezó a caminar sobre las aguas.

Cuando Su madre afligida porque se había acabado el vino en las bodas de Canaán le pidió que hiciera algo al respecto, El no se levantó lleno de fe en que podía levantar una poderosa ofrenda y enviar por vino, prefirió manifestar Su Reino.

"Jesús les dijo: Llenad estas tinajas de agua. Y las llenaron hasta arriba. Entonces les dijo: Sacad ahora, y llevadlo al maestresala".
Juan 2:7-8

Cuando estuvo frente a la multitud que no tenía que comer, y Sus discípulos le preguntaron: "Maestro, ¿Quieres que compremos comida y les demos de comer?" El dijo: "No". Obviamente tenían dinero para comprar la comida, si no, no hubieran hecho esa pregunta; pero Jesús quería manifestar el poder creativo de Su Padre. El quería manifestar el Reino. Les preguntó, qué tenían, y ellos dijeron: "tan solo dos peces y cinco panes". Jesús los tomó en Sus manos, y lo que hizo fue introducirlos, sumergirlos a la dimensión del Reino, al ámbito del Espíritu. En ese momento los panes y los peces dejaron de formar tan solo parte de lo natural; el Reino empezó a impregnarse en ellos. El Cielo y la tierra estaban unidos en esos alimentos. El poder multiplicador y creativo del Reino se apoderaba en cada partícula de esa materia.

En el Reino, todo se puede multiplicar, todo se puede crear o restaurar. Entonces dijo: "repartidlos". Y a Su orden el pan y los peces se multiplicaron por millares. Esto es lo que le está sucediendo a los que están siendo sumergidos en Su Reino.

Esto es lo que le tiene que suceder a usted, y verá las cosas más extraordinarias que empezarán a sucederle.

Lo más importante para Jesús era manifestar el Reino, es decir, que pudieran ver al Padre a través de El. A Felipe le dijo:

"Si me conocieseis, también a mi Padre conoceríais; y desde ahora le conocéis, y le habéis visto….El que me ha visto a mí, ha visto al Padre; ¿cómo, pues, dices tú: Muéstranos el Padre? ¿No crees que Yo soy en el Padre, y el Padre en mí? Las Palabras que Yo os hablo, no las hablo por mi propia cuenta, sino que el Padre que mora en mí, él hace las obras".   Juan 14:7 y 9, 10

¡OH, si pudieran todos realmente entender esto! Jesús hecho carne, el Padre haciendo las obras en El. Esto es lo que quiere decir: El Reino de Dios está en medio de vosotros: Cielos y tierra unidos en Jesús.

Esa es la promesa para nuestro tiempo. Una generación de Reino, que impacte la tierra. No unos cuantos ministerios de sanidades y milagros, que contamos con los dedos de la mano, sino una generación entera trayendo los Cielos a la tierra. El Reino tiene el poder de establecer todos los diseños de Dios sobre la tierra.

Es el Reino, el que activa la voluntad de Dios en los Cielos, y ésta desciende y se manifiesta en la tierra. Cuando los discípulos veían la grandeza de las obras que Jesús hacía, se dieron cuenta que el Maestro oraba en una forma en que los Cielos se manifestaban. Entonces le dijeron: "Señor, enséñanos a orar". Y El les dio la clave para traer el poder de Dios sobre la tierra.

"Mas tú, cuando ores, entra en tu aposento, y cerrada la puerta, ora a tu Padre que está en secreto; y tu Padre que ve en lo secreto te recompensará en público. Vosotros, pues, oraréis así: Padre nuestro que estás en los cielos, santificado sea tu nombre. Venga tu Reino. Hágase tu voluntad, como en el cielo, así también en la tierra".

Mateo 6:6 y 9,10

La oración de Jesús tenía primero que nada su enfoque en exaltar al Padre y luego lo más importante era aquello para lo cual El había venido, es decir, para que el Reino fuese establecido y que los Cielos y la tierra se hicieran uno. Entrar en el Reino, es la clave de conocerlo a El y es la clave del poder. Jesús no dijo: Id, y predicad tan solo la salvación. El dijo:

"Y yendo, predicad, diciendo: El Reino de los Cielos se ha acercado. Sanad enfermos, limpiad leprosos, resucitad muertos, echad fuera demonios; de gracia recibisteis, dad de gracia".

Mateo 10:7, 8

El entrenamiento que Jesús les dio a Sus discípulos y la orden con que los envió, fue manifestar el Reino. *"Como el Padre me envió, así también Yo os envió".* En otras palabras, "Como Yo vine a ser testigo de mi Padre, a mostrarles Su poder y Su grandeza, así también, vosotros tienen que testificar del Reino. Ser mensajes vivientes, donde el Reino esté tan encarnado en vosotros, que todo lo que hagáis y digáis lo manifieste a El.

El también dijo: *"Y será predicado el Evangelio del Reino, para testimonio de todas las naciones y entonces vendrá el fin".*

Testificar el Reino de los Cielos, no es una predicación para convencer a nadie en sus intelectos, eso está lejos de una conversión genuina. Testificar el Reino es producir las obras que darán como resultado conversiones auténticas. El Apóstol Pablo confronta a la Iglesia, diciéndole:

"Pero iré pronto a vosotros, si el Señor quiere, y conoceré, no las palabras, sino el poder de los que andan envanecidos. Porque el Reino de Dios no consiste en palabras, sino en poder".

1 Corintios 4:19-20

Hoy en día, esto prácticamente no se enseña en los entrenamientos de evangelismo. En la gran mayoría de las Iglesias, se enseñan un montón de técnicas verbales de convencimiento, que contribuyen a que la persona inconversa acepte una oración momentánea y en algunos casos sea atraída a una Iglesia local.

En muchos casos, hemos llenado las Iglesias de gente, pero no las hemos llenado de hijos convertidos al Reino. Dios quiere hijos que posean el Reino, y está levantando una generación que está entendiendo esto. Una generación de gente valiente, atrevida y santa. Hombres y mujeres que saben como orar para traer el Reino a la tierra. Un pueblo que penetrará el Reino, cueste lo que le cueste.

"Desde los días de Juan el Bautista hasta ahora, el Reino de los Cielos sufre violencia, y los violentos lo arrebatan".

Mateo 11:12

6

LAS MORADAS DEL ESPIRITU Y LOS LUGARES CELESTIALES

"Bendito sea el Dios y Padre de nuestro Señor Jesucristo, que nos bendijo con toda bendición espiritual en los lugares celestiales en Cristo".

Efesios 1:3

Entendiendo el ámbito profético

El Hombre Espiritual

Dios nos revela el mundo espiritual a través de las Escrituras, y en ellas podemos encontrar el ancla y la seguridad para caminar confiados en ese mundo para algunos tan desconocido. Sin embargo, éste ámbito invisible, la realidad espiritual, es necesaria experimentarla para poder movernos en ella. El Reino de Dios tiene que ser una experiencia viva, de la que podamos extraer todas las riquezas de Su gloria. De nada sirve saber intelectualmente todas las cosas que vivieron en lo espiritual los grandes hombres de Dios en la Biblia, sino podemos verídicamente poseerlas para nosotros mismos.

Es maravilloso leer que Ezequiel vio la expansión de la gloria y los querubines que se movían con ella, pero es mucho más extraordinario, cuando Dios nos permite verlo con nuestros propios ojos espirituales. Es fabuloso estudiar que Juan fue arrebatado al Cielo, pero mucho mejor es saber que Dios nos pueda llevar a nosotros. ¿No es así? Esto es entrar el Reino. Jesús dijo:

"No temáis manada pequeña, a mi Padre le ha placido daros el Reino".
                                                                 Lucas 12:32

"Mi Reino no es de este mundo. Así como Yo no soy de este mundo, tampoco vosotros sois de este mundo".   Juan 18:36

Dios quiere que dejemos de pensar como seres terrenales, limitados a este plano existencial y que pensemos como seres celestiales. Como gente de Reino, como linaje escogido, real sacerdocio, nación santa, pueblo adquirido por Dios somos llamados para anunciar las virtudes y toda la multiforme gama del poder de Dios. Entrar en las dimensiones del espíritu, es conocerlo a El personalmente. Esta es la esencia primordial del ámbito profético.

"Porque el testimonio de Jesucristo, la esencia de toda verdad revelada, es el Espíritu de profecía". Apocalipsis 19:10 (Paráfrasis)

Cuando hablamos de "lo profético", no solamente nos referimos a hablar profecías en la Iglesia, sino a todo lo que se refiere al mundo invisible.

Dijimos anteriormente, que somos espíritus, que habitamos en un cuerpo y que nos comunicamos, sentimos, pensamos y operamos en el mundo natural a través del alma. Dijimos también, que todo espíritu tiene toda la capacidad de ver, oír y experimentar el mundo espiritual. Añadimos que todo espíritu que se ha unido con Dios, tiene toda la capacidad de verlo, oírlo y moverse en El.

Nuestro espíritu esta compuesto de una serie de componentes que nos hacen funcionar como seres espirituales, y de estos quiero destacar tres:

1. **La intuición.**
2. **La conciencia.**
3. **La comunión con Dios.**

En estos tres segmentos podemos recibir diversos tipos de revelación, así como entrar en las diferentes regiones o lugares celestiales. Cuando el Espíritu de Dios viene sobre nosotros en Su manifestación profética, nos revela algo concerniente al Reino de Dios, nos da a conocer a Cristo, y nos otorga entendimiento del mundo espiritual en general. Esto se puede dar a nivel intuición, como una palabra, una sensación o una vaga forma de visión. En este caso, lo correcto no es decir, "así dice el Señor", como muchos tienen por costumbre, ya que esto es muy delicado, sino decir "tengo un fuerte sentir que…" o "tengo la sensación que…"

A nivel conciencia, vamos a experimentar la convicción de pecado. Las voces de alerta cuando estamos entrando en un camino equivocado, o un profundo sentimiento de paz y seguridad al caminar en lo que es correcto. A nivel comunión, es en donde la gama de posibilidades es más diversa y compleja. Aquí nuestro nivel de relación con El será determinante, así como el tipo de llamado y de dones que, Dios por su misericordia, quiera manifestar en nosotros.

VISIONES, REVELACIONES, ÉXTASIS Y ARREBATAMIENTOS

En el nivel de la comunión, es en donde vamos a experimentar los diferentes niveles de revelación.

1. Impresiones Proféticas

Estas son, como su nombre lo indica, impresiones que vienen a nuestro espíritu. Pueden ser sumamente específicas y atinadas. Sin embargo, pueden ser contagiadas por nuestros sentimientos, sobre todo al momento de interpretarlas. En estos casos, tampoco podemos decir concerniente a ellas, "Así dice el Señor".

2. Visiones y Sueños

Estas son visiones claras, donde nuestros ojos y oídos espirituales ven con toda nitidez. Pueden venir mientras estamos despiertos y conscientes, o a través de sueños mientras dormimos. En este tipo de manifestación profética la conciencia interactuará con la comunión, trayendo discernimiento para saber de dónde proviene lo que estamos recibiendo.

Los mensajes que vienen de Dios, siempre traerán consigo una sensación de justicia, paz o gozo, aunque lo que estemos oyendo o viendo sea quizás un juicio o la advertencia de una catástrofe. (Nota: este tipo de profecía necesariamente tiene que ser juzgada por ministerios proféticos o apostólicos).

Las visiones vendrán siempre en medio de una clara conciencia de la presencia de Dios. Cuando el diablo esta interfiriendo con mensajes aparentemente proféticos, siempre traen consigo inquietud, temor, o algo que no encaja enteramente con nuestra conciencia.

3. Éxtasis y Parusías

Además de estas formas de revelación profética, vamos a tener una más profunda que es el "éxtasis". En esta experiencia, participa todo nuestro cuerpo espiritual. Va más allá de una visión. Es entrar en la visión misma, como si te tomaran y te metieran dentro de una película. Ya no solamente eres observador, sino que ahora eres participante. Este es el caso que vemos por ejemplo, cuando Pedro ve el lienzo con los animales.

"Y tuvo gran hambre, y quiso comer; pero mientras le preparaban algo, le sobrevino un éxtasis; y vio el Cielo abierto, y que descendía algo semejante a un gran lienzo, que atado de las cuatro puntas era bajado a la tierra; en el cual había de todos los cuadrúpedos

terrestres y reptiles y aves del Cielo. Y le vino una voz: Levántate, Pedro, mata y come".   *Hechos 10:10-13*

4. Arrebatamientos

Esta es la experiencia de "Reino" más extraordinaria a la que Dios está llevando a Sus escogidos.

Dijimos anteriormente, que todo espíritu que es uno con Jesús, puede oír, ver y experimentar el Reino invisible de Dios. Añadimos también, que en Jesús están unidos los Cielos y la tierra. Luego entonces, todo el que es uno con el Señor, puede también moverse tanto en las dimensiones celestiales como en la terrenal.

Jesús pagó el precio para sentarnos con Él en lugares celestiales. Y esto no es solamente una posición de autoridad que teológicamente poseemos. Todo lo que Jesús conquistó para nosotros, no es automático, tenemos que entrar en posesión de cada verdad.

Por ejemplo, Jesús murió por todos los pecadores. Esto no significa que ya todo el mundo es salvo. Cada persona tiene que abrazar el sacrificio de la cruz y entrar en el plan de salvación. Lo mismo sucede cuando Jesús destruyó el imperio del diablo a través de Su muerte, pero esto no quiere decir que ya no hay más demonios en la tierra, ni que hay que dejar de hacer guerra espiritual.

Los creyentes tenemos que anunciar esa victoria a los poderes de las tinieblas y someterlos bajo el señorío de Jesucristo, hasta que todos Sus enemigos sean puestos por estrado de Sus pies. Esta misma lógica, espiritualmente se aplica a la verdad de que "estamos sentados con Cristo en lugares celestiales".

El Señor conquistó para nosotros el que pudiéramos estar en esas posiciones de autoridad y de revelación, pero tenemos que posicionarnos en ellas. Fuera de la salvación que es por gracia, todo lo demás tiene un precio que tiene que ser pagado. Y desde luego, el tener verídica autoridad espiritual, es uno de los más altos.

Los lugares celestiales son reales, son moradas gloriosas de infinita revelación. Es la voluntad de Dios que entremos en ellos, que seamos establecidos ahí, y que gobernemos con El desde los Cielos, mientras estamos vivos aquí en la tierra.

Dios está abriendo los Cielos en una forma sorprendente. Sus puertas están siendo reveladas para penetrar en esta dimensión como nunca antes. El hijo varón del cual habla el libro de Apocalipsis (según algunas interpretaciones simboliza al glorioso remanente de la Iglesia) está siendo arrebatado en muchas partes de la tierra para entender cómo gobierna el Cielo y poder reinar así con Cristo Jesús.

¿Es esto bíblico? ¡Sí! Lo vemos en el Antiguo Testamento muchas veces, y aún en el Nuevo, porque el Señor dijo que "una cosa mejor tenía preparada para nosotros", por encima de lo que vivió la gran nube de testigos que vemos en el libro de Hebreos.

¿Qué es lo que Dios está hablándonos y cómo podemos entenderlo? Hay visiones y revelaciones que no pueden ser dadas a los siervos de Dios en la tierra, sino que estos tienen que ser trasportados espiritualmente a lugares celestiales para recibir lo que Dios quiere darles. ¿Qué quiero decir con esto? Veamos el caso de Ezequiel. El se encuentra cautivo en Babilonia, y Dios quiere revelarle la gloriosa visión de Su Templo.

"En el año veinticinco de nuestro cautiverio, al principio del año, a los diez días del mes, a los catorce años después que la ciudad fue conquistada, en aquel mismo día vino sobre mí la mano de Jehová, y me llevó allá. En visiones de Dios me llevó a la tierra de Israel, y me puso sobre un monte muy alto, sobre el cual había un edificio parecido a una gran ciudad, hacia la parte sur. Me llevó allí, y he aquí un varón, cuyo aspecto era como aspecto de bronce; y tenía un cordel de lino en su mano, y una caña de medir; y él estaba a la puerta. Y me habló aquel varón, diciendo: Hijo de hombre, mira con tus ojos, y oye con tus oídos, y pon tu corazón a todas las cosas que te muestro; porque para que yo te las mostrase has sido traído aquí. Cuenta todo lo que ves a la casa de Israel".   *Ezequiel 40:1-4*

Aquí, el profeta fue llevado a la más importante de las moradas celestiales "el Templo de Dios". No fue a la tierra física de Israel, puesto que este Templo, nunca fue edificado ahí sino al Templo celestial.

Las visiones entonces, son revelaciones que vienen a nosotros y los lugares celestiales, son lugares a los que somos llevados y donde somos establecidos, como veremos un poco más adelante.

En el caso del Apóstol Juan, el se encuentra también cautivo en la isla de Patmos y el Señor le dará la impresionante revelación del Apocalipsis. En ésta compleja manifestación de lo profético, Juan tiene diversas experiencias en el espíritu. Escuchará los sonidos celestiales, verá la parusía magnífica de Cristo glorificado. Se encontrará con una gran cantidad de visitaciones angélicas, que en muchos casos lo llevarán a diversos lugares en el mundo espiritual, y como Ezequiel, también será arrebatado al tercer Cielo.

"Después de esto miré, y he aquí una puerta abierta en el cielo; y la primera voz que oí, como de trompeta, hablando conmigo, dijo: Sube acá, y Yo te mostraré las cosas que sucederán después de estas. Y al instante yo estaba en el Espíritu; y he aquí, un Trono establecido en el cielo, y en el Trono, uno sentado".

Apocalipsis 4:1-2

"Vino entonces uno de los siete ángeles que tenían las siete copas, y habló conmigo diciéndome: Ven acá, y te mostraré la sentencia contra la gran ramera, la que está sentada sobre muchas aguas…Y me llevó en el Espíritu al desierto…"

Apocalipsis 17:1 y 3

Vemos también que el Apóstol Pablo narra experiencias de éste tipo.

"Ciertamente no me conviene gloriarme; pero vendré a las visiones y a las revelaciones del Señor. (Note que esto está en plural).
Conozco a un hombre en Cristo, que hace catorce años (si en el cuerpo, no lo sé; si fuera del cuerpo, no lo sé; Dios lo sabe) fue arrebatado hasta el tercer cielo. Y conozco al tal hombre (si en el cuerpo, o fuera del cuerpo, no lo sé; Dios lo sabe), que fue arrebatado al paraíso, donde oyó palabras inefables que no le es dado al hombre expresar".   *2 Corintios 12:1-4*

Pablo estuvo en el tercer Cielo y estuvo también en el paraíso, dos lugares celestiales diferentes. Pienso al estudiar detenidamente los escritos de este gran apóstol que vivió muchas experiencias en cuanto a conocer los lugares celestiales, las moradas del Espíritu y las dimensiones del mundo invisible de las tinieblas. Pedro también habla acerca de Pablo y de la sabiduría que Dios le dio para entender los Cielos y las cosas de Dios. Y como algunas de ellas son difíciles de entender, el mismo tiene una experiencia extraordinaria en las dimensiones del Espíritu, cuando en la cárcel, a punto de ser ejecutado, él se encuentra en esta situación extrema cuando un ángel se aparece en su celda y le dice que se ciña sus ropas porque van a salir de la prisión.

Aquí vamos a ver los dos ámbitos, el celestial y el natural operando al mismo tiempo, además de cómo la potencia del mundo espiritual afecta innegablemente el mundo natural.

"Le dijo el ángel: Cíñete, y átate las sandalias. Y lo hizo así. Y le dijo: Envuélvete en tu manto, y sígueme. Y saliendo, le seguía; pero no sabía que era verdad lo que hacía el ángel, sino que pensaba que veía una visión. Habiendo pasado la primera y la segunda guardia, llegaron a la puerta de hierro que daba a la ciudad, la cual se les abrió por sí misma; y salidos, pasaron una calle, y luego el ángel se apartó de él. Entonces Pedro, volviendo en sí, dijo: Ahora entiendo verdaderamente que el Señor ha enviado su ángel, y me ha librado de la mano de Herodes, y de todo lo que el pueblo de los judíos esperaba".   Hechos 12:8-11

Pedro vuelve en sí, porque obviamente estaba en la dimensión del Espíritu. Durante todo este suceso el cree que está teniendo una visión de éxtasis en la que él y el ángel atraviesan las rejas de la cárcel en forma sobrenatural. A diferencia del Apóstol Pablo que no sabe si su arrebatamiento es en el cuerpo o fuera del cuerpo, aquí la experiencia es claramente en el cuerpo.

Lo que está sucediendo aquí, es que lo que están viviendo Pedro y el ángel en el mundo espiritual, se está reproduciendo en forma exacta en el mundo natural. Las dos dimensiones están en operación al mismo tiempo. El Espíritu de Dios tiene el poder para invadir toda la materia y transmutarla de un lugar a otro, atravesando incluso paredes, rejas, o una masa de gente como lo hizo Jesús.

"Y levantándose, le echaron fuera de la ciudad, y le llevaron hasta la cumbre del monte sobre el cual estaba edificada la ciudad de ellos, para despeñarle. Mas El pasó por en medio de ellos, y se fue".
Lucas 4:29-30

"Créame, aquí no pasó abriéndose paso a empujones, era uno solo contra una multitud irracional que quería matarle. Esto mismo le sucedió a Felipe, cuando le predicó al etíope en el camino a Gaza.
Cuando subieron del agua, el Espíritu del Señor arrebató a Felipe; y el eunuco no le vio más, y siguió gozoso su camino. Pero Felipe se encontró en Azoto..."
Hechos 8:39-40

Esto es moverse en el Reino de Dios. Esto es para nosotros hoy, y ya lo estamos viviendo. La revelación empezó a venir a mí, cuando estando en la ciudad de Aguascalientes, México, predicaba una conferencia de guerra espiritual con el hermano Roberto Avila de Guatemala.

La última noche, cerraba yo el congreso y la nube de Su gloria nos envolvía por todos lados. Los predicadores decidimos salir por la puerta de atrás, para no interrumpir al Espíritu que se estaba manifestando en medio de toda la gente. Al llegar a un pequeño cuarto, antes de salir, nos detuvimos para esperar al coordinador del evento. Mientras lo esperábamos, Roberto empezó a sentir un calor extremo y se agarró el pecho, como alguien a quien le va a dar una ataque cardíaco, y sin decir más cayó en el suelo como muerto. En ese instante un ángel apareció delante de mí y poniendo su mano sobre mi hombro me dijo: "No temas, él está siendo llevado a los Cielos, pero volverá en breve.

Me atravesé para que nadie lo tocara y les conté a los demás lo que el ángel me dijo. Al poco tiempo, Roberto regresó y nos contó su gloriosa experiencia. Esto empezó a darme vueltas en la cabeza, y no tardó mucho en que Dios me llevara por primera vez a los Cielos.

El Espíritu me reveló cómo verdaderamente la Sangre de Jesús abrió el acceso al Trono de Dios. No solamente para que nuestras oraciones lleguen a El y alcancemos misericordia, sino para que nuestro espíritu, que es uno con Él, llegue literalmente delante de Su presencia en las dimensiones celestiales.

Dios empezó entonces, a llevarme muchas veces delante de Su Trono y a revelarme tantas cosas, algunas están en este libro, y otras ya tendré la oportunidad e escribirlas, si Dios me lo permite claro.

En una ocasión, el Señor nos dio la orden a cuatro profetas de ir a un encuentro con Él, al desierto de Nuevo México. Durante los seis días de ayuno en que estuvimos ahí, el Señor nos abrió el mundo espiritual en una forma extraordinaria. Tuvimos experiencias de arrebatamiento en varias ocasiones y una de ellas fue muy especial.

Habíamos estado adorando intensamente cuando de pronto, nuestros espíritus fueron llevados delante de una enorme puerta en los Cielos. Era una vivencia en común unidad, lo que permitía que nos viéramos las unas a las otras, como si estuviéramos en la tierra. Podíamos también comunicarnos entre nosotras y nuestra voz se oía en las dos dimensiones.

La figura de dos seres a manera de leones gigantes custodiaban la puerta. Entonces oímos una voz que nos decía, "hay lugares a los cuales sólo le es permitido entrar a mi esposa y en forma corporativa". En ese momento se abrió la puerta y un camino de oro comenzó a desenrollarse como una alfombra delante nuestro. El pasaje conducía a un lugar por encima del Trono de Dios. Y arriba de éste se vislumbraban otros lugares, pero cuyo acceso estaba cerrado para nosotras en ese momento.

Entonces, apareció un varón con semejanza del Hijo del Hombre, y debajo de Sus pies todo empezó a volverse transparente y un nuevo lugar quedó a la vista. En el se vislumbraban reinos e impresionantes estructuras, todas oscuras y complejas.

Nosotras estábamos asombradas viendo todo eso, cuando nos dijo, "este es el lugar de la Sabiduría. En este lugar, todo es revelado y todo viene a la luz. Las he traído aquí por causa de la batalla que van a enfrentar en contra del dominador de las tinieblas que tiene por sobrenombre "la reina del cielo". La gran ciudad que gobierna sobre las naciones de la tierra.

Esta batalla tiene que ser peleada desde este lugar en los Cielos, aquí no tienen acceso ni a ver, ni a entender ninguno de los príncipes de este siglo. Desde aquí les enseñaré a pelear en forma determinante y efectiva, y aquí estarán escondidas de los fuegos del enemigo. Yo las traeré aquí cuantas veces sea necesario, solo tenéis que pedirlo. También traeré a muchos otros, los que ya están listos para pelear aquí".

Ha sido maravilloso desde ese día, Dios nos ha llevado tantas veces a ese lugar, para ver desde ahí, las estructuras del reino de las tinieblas. Desde los lugares celestiales se vuelve clarísimo, donde están localizados los poderes del diablo, y las áreas de su debilidad. Hemos visto tantas veces los millares de ángeles asignados para las batallas que vendrán de todos los niveles de jerarquía. También aquel día, el Señor nos mostró diversas puertas en los Cielos y como se abrían en determinados tiempos y luego se cerraban y se volvían a abrir. Unas estaban eternamente abiertas y otras se abrían por las oraciones de los santos.

Hay también caminos que unen toda la actividad angélical entre los cielos y la tierra.

"...Otra vez abriré camino en el desierto y ríos en la tierra estéril" *(Isaías 43:19).*

Esta es una profecía en lo natural, pero también en lo espiritual, es como lo vio Jacob en Betel:

"Vio una escalera que estaba apoyada en tierra, y su extremo tocaba en el cielo; y he aquí ángeles de Dios que subían y descendían por ella..."

Cuando Jacob despertó de su sueño, dijo:
"Ciertamente Jehová está en este lugar, y yo no lo sabía. Y tuvo miedo, y dijo: ¡Cuán terrible es este lugar! No es otra cosa que casa de Dios, y puerta del cielo".   *Génesis 28:16-17*

Desde entonces, Betel quedó como un lugar donde Dios se manifestaba (Génesis 31:13). Ezequiel se encuentra también con un lugar así junto al río Quebar, donde Dios le muestra el cielo abierto y esto origina una serie de poderosas experiencias con la gloria de Dios. El Profeta sabe que ese lugar es especial, porque recurre a él con frecuencia, y varios de sus éxtasis suceden en este sitio. Patmos es otro de estos lugares. El Apóstol Juan no escribió el Apocalipsis a través de una sola visitación, sino a lo largo de una serie de éxtasis de arrebatamiento. La mayoría de estos traslados espirituales no fueron en el cuerpo, sino en el espíritu. Y estos sucedían en una cueva que se encuentra camino arriba de un gran monte en la isla.

Hoy hay un pequeña Iglesia ortodoxa, parte de un monasterio, pero todo alrededor son bosques vírgenes donde uno puede ir a orar. Cuando yo estuve ahí, de lo primero que me percaté es que la puerta del cielo que Dios abrió para Juan, sigue abierta. Y fue ahí, donde fui llevada durante siete días en éxtasis, cuatro de los cuales fueron dentro del corazón de Dios, como lo narré en un capitulo anterior.

Durante la historia de grandes avivamientos, Dios ha abierto puertas en los Cielos que aún no se han cerrado. Lo mismo sucede en lugares donde la oración de hombres o mujeres de Dios ha tocado los Cielos y las han abierto. David Dijo:

"¡Alzad, OH puertas, vuestras cabezas, y alzaos vosotras, puertas eternas, y entrará el Rey de gloria!"   Salmo 24:7

Hay lugares en la tierra, donde Dios tiene puertas establecidas para que Su presencia se manifieste en forma extraordinario y donde El puede llamar a alguien a subir a los Cielos. Varios montes en el Antiguo Testamento fueron puertas del Cielo. Como el monte Moría, donde Abraham llevara a su hijo Isaac para ser sacrificado. Más tarde lo usara David para establecer ahí el Arca del Pacto, El monte de Sión, desde luego el monte Sinaí, el Carmelo, donde Dios hizo descender fuego del Cielo por medio del Profeta Elías, El monte Tabor, donde Jesús se transfiguro. Las puertas de los cielos fueron abiertas junto al Jordán, donde Josué pasó en seco y luego donde Elías fue arrebatado con todo y cuerpo.

Las puertas de los Cielos unen las dos dimensiones, los

Cielos y la tierra, para que el Reino de Dios se manifieste entre nosotros en toda su sobrenaturalidad. Ahora bien, Jesús dijo: "YO SOY LA PUERTA", esto quiere decir que en El podemos llegar a los Cielos, no solamente después de la muerte, sino ahora.

La Sangre de Jesús abrió literalmente lo que separaba las dos dimensiones y lo sigue haciendo. Cuando entendemos esto, podemos abrir puertas en los Cielos por medio de la Sangre de Jesús en cualquier lugar de la tierra y los Cielos se abrirán y toda manifestación de lo celestial se dejará ver sobre la tierra.

Tenemos que cambiar nuestras oraciones pasivas que nada más están esperando que Dios haga las cosas, cuando en realidad, El nos ha dado la autoridad de hacerlas nosotros. Empiece a adorar verdaderamente, honre el Nombre del Señor, clame que los Cielos se abran, porque Su Reino venga y Su voluntad sea hecha, y verá lo que empieza a suceder. A mayor poder y unción, mayor será el resultado, y no se extrañe, de que a algunos escogidos por El, les diga "VEN Y SUBE".

Pablo, quien fue poco entendido en algunos de sus escritos, habló de esta posibilidad de ser llevado a dimensiones espirituales con el Señor. No solo en la experiencia de su arrebatamiento, sino como algo que él también experimentó en más de una ocasión.

Dice en su segunda Epístola a los Corintios, después de hablar de la habitación celestial, de la cual ya hemos hablado.

"Así que vivimos confiados siempre, y sabiendo que entre tanto que estamos en el cuerpo, estamos ausentes del Señor (porque por fe andamos, no por vista); pero confiamos, y más quisiéramos estar ausentes del cuerpo, y presentes al Señor. Por tanto

procuramos también, o ausentes o presentes, serle agradables".

2 Corintios 5:6-9

Ahora bien, Pablo no piensa en ningún momento que, mientras estamos en esta vida, estamos ausentes al Señor. El mismo dijo, *"En El nos movemos, estamos y somos".* También sabe con toda certeza, que Jesús viene a morar a la vida del verdadero creyente. Luego aquí está hablando, no de la vida después de la muerte, sino de moverse en las dimensiones del Espíritu,habla de entrar en los lugares de Su presencia a los lugares celestiales.

El usa claramente en este pasaje las palabras "procuramos serle agradables". ¿En dónde? ¿En el cuerpo o fuera del cuerpo? Si se estuviera refiriendo a cuando nos morimos y llegamos al Cielo, no usaría el termino "procurar ser agradables", porque ya entrado en el Cielo, después de esta vida, ya no va a procurar ser agradable, porque por la justificación de Cristo, será absolutamente agradable. Luego entonces, el termino procurar, sólo es válido mientras haya la opción de fallar o de no ser agradables.

Jesús quiso crear una Iglesia sobrenatural que se moviera no solo en la misma forma que El lo hizo en la tierra, sino que hiciéramos mayores cosas, porque El iba al Padre. *"Mayores cosas"*, quiere decir, una vida mucho más poderosa que la que El vivió. El dijo, *"os conviene que me vaya"*, ¿Por qué? Porque por el Espíritu tendríamos acceso a todo el Reino de Dios. En esta dispensación en que Dios está revelando en forma extraordinaria las dimensiones del Espíritu, nos está dando a conocer lo que quiere decir lugares celestiales.

El cielo no es una enorme planicie, llena de nubes con el Trono de Dios en medio y con ángeles adorándole por todos lados. El cielo está compuesto por diversos lugares. Estos están manifestados en diversos planos espirituales, y cada uno revela algo diferente de Dios. Tenemos que entender que el Padre no es un Señor de barbas blancas sentado en un trono. Dios es la más grande y diversa gama de atributos y verdades inefables, y algunas insondables.

Dios se presenta y se manifiesta en forma diferente, según el atributo o la forma de Su ser que El quiere dar a conocer en determinado momento. Dios no tiene un solo rostro, ni tampoco Jesús. Daniel lo vio como un Anciano de Días. Ezequiel, como una expansión de fuego. Juan, como uno semejante al Hijo de Hombre. Josué, como un Varón de Guerra. Jacob lo vio cara a cara. Moisés lo vio en formas diferentes. El hablaba con Dios cara a cara, pero obviamente aspiró y miró algo diferente cuando el Señor le mostró Su gloria. Lo tuvo que meter dentro de la peña para que no muriese. Esto fue una experiencia mucho más fuerte que el hablar rostro a rostro.

En este pasaje, Dios le dice a Moisés, *"pero no podrás ver mi rostro, porque ningún hombre podrá verme y seguir viviendo"* (Éxodo 33:20). Ahora, la pregunta es, ¿Cómo es que Dios hablaba con Moisés cara a cara? (Éxodo 33:11). Y sin embargo, le dice que si mira Su rostro morirá. La respuesta es que Dios tiene diferentes rostros, y hay uno que es tan temible, por la relación con la gloria que éste tiene, que nadie lo puede ver y vivir.

Dios entonces decide conjugar las dos dimensiones, para que Su siervo pueda vivir esta experiencia, y le dice, *"Aquí hay un lugar junto a mí. Tu estarás sobre la peña"*. Aquí vemos dos lugares, uno celestial, (junto a mi) y otro natural, (la peña).

Ahora bien, algo fuertísimo debió manifestarse cuando

Jehová pronunció Su Nombre y toda Su bondad pasó frente a Moisés, que lo tuvo que esconder. A veces, Dios me ha permitido experimentar diversas manifestaciones de Su Nombre, cuando El lo pronuncia frente a mí. Su rostro cambia de uno a otro, es como una secuencia de visiones, todas diversas y maravillosas que se manifiestan cuando El hace resonar Su Nombre.

El grave error, es tratar de imaginar a Dios. "No os hagáis imagen de nada de lo que esté en los Cielos". El tiene que ser percibido en el espíritu. Si los hombres de Dios tuvieron estas experiencias en el Antiguo Testamento, cuanto más grandes no serán para nosotros, que tenemos a Cristo en nosotros y somos uno con El.

La verdad es muy clara y sencilla, abra su espíritu y recíbala. Si los Cielos y la tierra son uno en Cristo Jesús y usted es un espíritu con El, los Cielos y la tierra son uno con usted, y usted puede ver y experimentar todo lo que hay en el Cielo por medio de Jesús.

El Cielo está lleno de lugares maravillosos, donde tenemos que ser establecidos. Estar sentados en lugares celestiales quiere decir, haberse posicionado en ellos. Esto es, tomar la habilidad que Jesús nos dio de entrar en ellos, sentarnos ahí, y hacerlos nuestros. No es automático, como tampoco lo es tomar posesión de nuestra herencia. La puerta fue abierta por Jesús, pero nosotros tenemos que pasar al otro lado y tomar posesión de lo que El conquistó para nosotros.

El Hijo de Dios habló de algunos de estos lugares. El dijo: *"En la casa de mi Padre muchas moradas hay; si así no fuera, Yo os lo hubiera dicho; voy, pues, a preparar lugar para vosotros. Y si me fuere y os preparare lugar, vendré otra vez, y os tomaré a mí mismo, para que donde Yo estoy, vosotros también estéis. Y sabéis a dónde voy, y sabéis el camino".*   *Juan 14:2-4*

El no sólo preparó el camino para después de la muerte, sino, ¿qué sentido tendría unir los Cielos y la tierra? si dice, "sabéis el camino", (tiempo presente) El se está refiriendo a algo que El ya les había mostrado de Su Reino y de la sobrenaturalidad de éste.

Hay lugares gloriosísimos, como lo es "el lugar de la Inteligencia".   En este lugar se encuentran todos los misterios de la ciencia que la han sido revelados al hombre. Hay un lugar ahí adentro, donde se encuentran todos los idiomas de la tierra, y donde literalmente puedes trasladarlos del mundo invisible al mundo visible.

Dios me ha hecho penetrar este sitio varias veces y en ellos he recibido el inglés, el 80% de lo que sé de francés y el portugués. Un día Dios me permitió dar una enseñanza de italiano, porque a los hermanos se les olvidó llevar interprete. Y le traduje a una de mis compañeras de guerra espiritual, toda una información de mapeo espiritual que nos estaba dando un turco.

El Señor le habla a Job de este lugar y le pregunta:
"¿De dónde, pues, vendrá la sabiduría? ¿Y dónde está el lugar de la inteligencia? Dios entiende el camino de ella, y conoce su lugar".   *Job 28:20 y 23*

También inquiere:
"¿Por dónde va el camino a la habitación de la luz, y dónde está el lugar de las tinieblas, para que las lleves a sus límites, y conozcas las sendas de su casa?"   *Job 38:19-20*

En la morada de la luz se encuentra el poder más grande de la verdad. Ahí todo es transparente y nada puede ser oculto.

La verdad es luz purísima. Dios te establece aquí cuando estás dispuesto a caminar en la transparencia más absoluta; diciendo la verdad cueste lo que cueste. Aquí las mentiras "blancas" de las mascaras religiosas, no tienen cabida. Posicionarte en este lugar, te da una autoridad impresionante frente al reino de las tinieblas. Tu voz empieza a operar desde este lugar y tiene un impacto que convierte el alma. El poder de la verdad derrumba todo argumento, cuando es hablada desde una posición celestial.

El precio de establecerse en este lugar es altísimo, requiere profundos niveles de cruz, y de total destrucción de tu reputación. Aquí no pueden entrar ni las más mínimas auto-justificaciones, ni auto-protecciones. Es un lugar que te expone continuamente. Es fuego consumidor lo que hay ahí adentro, pero fuego del cual sales como bronce bruñido.

Aquí se deshacen teologías y normas de hombres, para conocerlo a Él como es, y no como dicen los religiosos que Él es. En este lugar tus ojos son cambiados, para ver como los Cielos ven, y no como los hombres ven. Todo lo espectacular de los métodos de los hombres, se vuelve sombrío y abominable desde este lugar.

Aquí hay cámaras escondidas de infinita revelación, cosas inefables, como decía el Apóstol Pablo. Otro maravilloso lugar es el paraíso. Donde puedes comer de las hojas del Árbol de la Vida y sanar. Este árbol contiene todo lo que implica restauración y sanidad. Es como lo vio el Profeta Joel, cuando veía la generación que no podía ser vencida.

"...como sobre los montes se extiende el alba, así vendrá un pueblo grande y fuerte; semejante a él no lo hubo jamás.... como el huerto del Edén será la tierra delante de él".   Joel 2:2 y 3

Ahí hay fuentes y lagos de paz, donde El hace reposar el alma, como dice el Salmo 23. El universo celestial es tan vasto que no alcanzarían enciclopedias enteras para describirlo. Pero los Cielos están abiertos para usted, en Jesucristo. Yo tan solo he entrado a los umbrales de cosas extraordinarias, y mi anhelo es extenderme aún más hacia delante, para ver si logro asir aquello para lo cual fui asida.

Mi oración más ferviente, es que Dios levante una generación que conozca Su gloria. Que todo aquel que ha venido a Jesús seas libre de su entendimiento terrenal y limitado. Nadie enciende una luz y la encierra en una vasija, dijo el Señor. Pero nosotros es lo que hemos hecho. ¡OH! Nos hemos encerrado en velos tan densos de religiosidad, de un cristianismo mental e ineficaz, siendo que Dios nos entregó las dimensiones más poderosas de Su Reino.

Vivimos proclamando cosas que ni entendemos. Hacemos terrenales tantas verdades sobrenaturales que Dios nos dio; porque es más fácil ser terrenal y estar en control de tu mundo, que ser sobrenatural y que Dios esté en control de tu mundo.

Ruego a Dios que estas páginas despierten una sed y un hambre inagotable por Dios, y que lo pueda conocer en las dimensiones profundas que El tiene para usted. *"Y doblo mis rodillas para que los ojos de vuestro entendimiento, para que sepáis cuál es la esperanza a que El os ha llamado, y cuáles LAS RIQUEZAS DE LA GLORIA DE SU HERENCIA EN LOS SANTOS..."*

Efesios 1:18

7

La Entrada Al Reino De Dios

"Respondió Jesús: De cierto, de cierto te digo, que el que no naciere de agua y del Espíritu, no puede entrar en el Reino de Dios. Lo que es nacido de la carne, carne es; y lo que es nacido del Espíritu, espíritu es".   *Juan 3:5-6*

¿Son Todos los que se Dicen Nacidos de Dios, Verdaderamente Nacidos de Nuevo?

Nicodemo, aquel hombre, principal entre los judíos, vino a Jesús de noche; era un hombre instruido en las Escrituras, temeroso de Dios, y que creía que Jesucristo venía de parte de Dios, lo que no sabia, era cómo entrar al Reino de Dios. Jesús le dijo:

"De cierto, de cierto te digo, que el que no naciere de nuevo, no puede VER el Reino de Dios. Nicodemo le dijo: ¿Cómo puede un hombre nacer siendo viejo? ¿Puede acaso entrar por segunda vez en el vientre de su madre, y nacer? Respondió Jesús: De cierto, de cierto te digo, que el que no naciere de agua y del Espíritu, no puede ENTRAR en el Reino de Dios".   Juan 3:3-5

Quiero que lea este pasaje más allá del común mensaje de salvación que manejamos. Dios quiere darnos algo tremendamente poderoso para este siglo, que nos hará entrar en la verdadera dimensión de poder y de revelación que es nuestra herencia.

Me atrevo a decir y creo no equivocarme, que este pasaje es mucho mas profundo y mucho más digno de reestudiarse, que el sencillo anuncio del Evangelio que nos conduce a recibir a Jesús, como Señor y Salvador, y asegurar así, nuestra vida eterna en el Cielo. Aquí Jesús está hablando de VER el Reino y ENTRAR en el Reino.

Creo que cuando Jesús entra a vivir en el corazón del hombre, en forma genuina, su espíritu es sellado para salvación, es también despertado para empezar a entender verdades espirituales, y para sentir las manifestaciones del espíritu. Sin embargo, al recorrer las diversas naciones del mundo, y conversar con miles de cristianos y pastores, me doy cuenta de una trágica realidad. Que el pueblo de Dios, en su gran mayoría, jamás ha visto el Reino de Dios, jamás ha tenido un encuentro cara a cara con Cristo, jamás ha visto los lugares celestiales que tanto se les ha dicho que están sentados en ellos; y lo más terrible, una gran mayoría, jamás ha nacido de nuevo.

Fíjese lo que Jesús continúa diciendo:
'Lo que es nacido de la carne, carne es; y lo que es nacido del Espíritu, espíritu es. No te maravilles de que te dije: Os es necesario nacer de nuevo. El viento sopla de donde quiere, y oyes su sonido; mas ni sabes de dónde viene, ni a dónde va; así es todo aquel que es nacido del Espíritu. Respondió Nicodemo y le dijo: ¿Cómo puede hacerse esto? Respondió Jesús y le dijo: ¿Eres tú maestro de Israel, y no sabes esto? De cierto, de cierto te digo, que lo que sabemos hablamos, y lo que HEMOS VISTO, testificamos; y no recibís nuestro testimonio".   Juan 3:6-11

Aquí Jesús quiere darnos a entender lo que es un verdadero hijo de Dios, nacido de Su Espíritu. Numero un, es una persona que puede ver las dimensiones invisibles del Reino.

¿Cómo es esto posible? Dijimos en capítulos anteriores,

que el que ha venido a Jesús, es un espíritu con El. Yo me pregunto: ¿Qué posibilidad tiene un espíritu que se ha hecho uno con Dios de no ver, de no oír, y de no sentir el Espíritu del Señor? La respuesta es obviamente ¡NINGUNA!

Voy más adelante aún, si los Cielos y la tierra están unidos en Jesús, y Jesús es uno con nosotros, ¿Qué posibilidad tiene un creyente nacido de nuevo, de no ver el Reino de los Cielos? La respuesta es también ¡NINGUNA!

Acabamos de leer que Jesús le dice a Nicodemo que a menos que alguien nazca de nuevo, no puede ver el Reino de Dios. Vuelvo a hacer énfasis en que ver, quiere decir mirar con nuestros ojos espirituales. Jesús podía testificar del Reino, porque lo veía. "Todo lo que veo hacer al Padre, eso es lo que hago", "Lo que hemos visto, testificamos".

¿En dónde está entonces el error? ¿Por qué millones de cristianos, a los que llamamos nacidos de nuevo, no pueden ver el Reino de Dios? ¿Por qué no pueden escuchar la voz de Dios?

El problema obviamente no está en el pasaje de Nicodemo. Mas bien, está en cómo lo hemos entendido y predicado. Alguien en algún momento de la historia se le ocurrió empezar a predicar que una persona que hacia la oración del pecador, para recibir a Jesús como su Señor y Salvador, en ese momento nacía de nuevo. De alguna manera, esto se volvió el pan de todos los días. Cuando acercábamos a alguien a los pies de Jesús, orábamos por él y luego lo abrazábamos diciendo: "Ahora has nacido de nuevo".

Esto se hizo de tal manera costumbre, que los cristianos empezaron a ser llamados, "Cristianos nacidos de nuevo". De esta manera, toda persona que viene a ser parte de la congregación, automáticamente es llamada: "un nacido de nuevo".

Analicemos esto en forma más profunda. Dios es un Dios de diseños. Todo lo que creó está hecho conforme a un modelo divino. Todas las cosas fueron creadas de lo invisible a lo visible. Esto quiere decir, no que fueron creadas de la nada, sino que fueron primero concebidas en el mundo espiritual, y luego traídas al mundo visible natural.

En ninguno de los diseños de Dios, ni en los Cielos ni en la tierra, vemos que cuando una semilla es plantada, en forma instantánea nazca una planta. Tampoco vemos ningún diseño en que un vientre sea engendrado, ya sea de animal o de mujer, y que en ese momento, súbitamente nazca una cría o un bebé.

El supuesto nacimiento instantáneo, a mi manera de ver, no es un diseño de Dios. Su modelo es: Sembrar, regar la semilla, dejar que ésta se parta dentro de la tierra, y al tiempo surgirá la planta. Lo mismo ocurre en un vientre. Este es engendrado, pasa un tiempo de gestación, y luego se abre la matriz y da a luz un hijo.

Cuando el Apóstol Juan nos habla de ser hechos hijos de Dios, dice:
"Mas a todos los que le recibieron, a los que creen en Su Nombre, les dio potestad de ser hechos hijos de Dios; los cuales no son engendrados de sangre, ni de voluntad de carne, ni de voluntad de varón, sino de Dios".   *Juan 1:12-13*

Esta palabra es la palabra en griego "Gennao", que quiere decir "engendrar en el vientre". Este es el principio del proceso, no el nacimiento.

Hay una diferencia muy grande, entre ser concebido y nacer. Cuando un hijo está en el vientre de una madre, los padres ya hablan de él como el heredero, pero no puede entrar en posesión de nada si es que no ha nacido.

Jesús le habla con claridad a Nicodemo y le da las características de quienes realmente pasaron el periodo de gestación y nacieron de nuevo. Le dice: "Estos ven el Reino, han entrado en el Reino; y además, son como el viento, que oyes su sonido pero no sabes de donde viene ni a donde va; así son todos los nacidos del Espíritu".

Aquí vemos como Jesús le está enseñando, como saber si alguien ha nacido de Dios. En otras palabras, le está diciendo que son gente que ve el Reino de Dios y que son guiados continuamente por el Espíritu, porque oyen con nitidez Su voz.

Cuando alguien nace al mundo natural, hay una evidencia. La criatura y más adelante, el niño ve, oye y se mueve con toda claridad en su nuevo mundo. Mientras todavía formaba parte de Dios, no podía conocer este mundo, tenía primero que nacer como un ser material. Lo mismo sucede cuando nacemos al mundo espiritual. Tiene también que haber una evidencia, y ésta es que al entrar al mundo espiritual, lo vemos, lo oímos y nos movemos en él.

Cuando mi espíritu, verídicamente nació al mundo espiritual; el mundo invisible se hizo claramente visible. Fíjense lo que el Apóstol Pablo dice a los Romanos:

"Porque los que son de la carne piensan en las cosas de la carne; pero los que son del Espíritu, en las cosas del Espíritu. Porque el ocuparse de la carne es muerte, pero el ocuparse del Espíritu es

vida y paz. Por cuanto los designios de la carne son enemistad contra Dios; porque no se sujetan a la ley de Dios, ni tampoco pueden; y los que viven según la carne no pueden agradar a Dios. Más vosotros no vivís según la carne, sino según el Espíritu, si es que el Espíritu de Dios mora en vosotros. Y si alguno no tiene el Espíritu de Cristo, no es de El".   Romanos 8:5-9

Note aquí que el que verdaderamente tiene el Espíritu de Cristo, va a ser conducido por el mismo Espíritu a vivir una vida espiritual; y que no podrá, en ninguna manera, sentirse satisfecho de llevar una vida y una forma de pensar carnal, porque sabe que esto, es enemistad contra Dios.

Tener ciertamente el Espíritu de Cristo, lo va a llevar a predicarle a los perdidos; lo va a llevar a tener misericordia de los pobres. Lo va a conducir a una vida de oración y de plenitud con el Padre. No es posible que Cristo viva en alguien, y que éste alguien se pase un año o cinco años, sin predicarle a nadie, como es el caso de la gran mayoría de gente que hoy llenan las Iglesias.

"Porque si vivís conforme a la carne, moriréis; más si por el Espíritu hacéis morir las obras de la carne, viviréis. Porque todos los que son guiados por el Espíritu de Dios, éstos son hijos de Dios".
                                          Romanos 8:13-14

Aquí vemos que la semilla que fue engendrada al recibir a Cristo en el corazón puede morir, puede ser abortada, por la muerte que esta contenida en la carnalidad. Y también vemos como en el pasaje de Nicodemo, los nacidos de Dios, los hijos que entraron a la manifestación de su nacimiento, estos son guiados por Dios.

¿Qué significa ser guiados por el Espíritu de Dios? Esta es la voz interna que se manifiesta de Espíritu a espíritu para darle la dirección de sus pasos. Es la voz que oyó Ananías cuando el Espíritu le dijo:

"...levántate, y ve a la calle que se llama Derecha, y busca en casa de Judas a uno llamado Saulo, de Tarso; porque he aquí, él ora, y ha visto en visión a un varón llamado Ananías, que entra y le pone las manos encima para que recobre la vista".

Hechos 9:11-12

Es el ángel manifestándose a Felipe y diciéndole:
"...levántate y ve hacia el sur, por el camino que desciende de Jerusalén a Gaza, el cual es desierto".   *Hechos 8:26*

Es la voz del ángel que la habló a Cornelio y le dijo:

"Envía, pues, ahora hombres a Jope, y haz venir a Simón, el que tiene por sobrenombre Pedro. Este posa en casa de cierto Simón curtidor, que tiene su casa junto al mar; él te dirá lo que es necesario que hagas".   *Hechos 10:5-6*

Es el ángel que se le aparece a Pedro en la cárcel y tocándole le dice:
"...cíñete, y átate las sandalias. Y lo hizo así. Y le dijo: Envuélvete en tu manto, y sígueme".   *Hechos 12:8*

Puede ver amado lector los Cielos y la tierra haciéndose uno. Los ángeles manifestándose e interactuando con los hijos de Dios. Esta es nuestra promesa como hijos de Dios. Vemos como realmente puede haber una diferencia entre un hijo nacido, esto quiere decir "manifestado" y un hijo no nacido, y en el peor de los casos, alguien cuya semilla pudo haber muerto.

Es ilógico pensar que alguien que dice que ha nacido del espíritu, no tenga evidencia de conocer y moverse el mundo espiritual. El Señor nos da un ejemplo muy claro explicando a Sus discípulos acerca del Reino de Dios. El lo asemeja a un sembrador que sale a sembrar.

El sembrador es el que siembra la Palabra. Y éstos son en quienes se siembra la Palabra, pero después que la oyen, en seguida viene satanás, y quita la Palabra que se sembró en sus corazones. Estos son asimismo los que fueron sembrados en pedregales: los que cuando han oído la Palabra, al momento la reciben con gozo; pero no tienen raíz en sí, sino que son de corta duración, porque cuando viene la tribulación o la persecución por causa de la Palabra, luego tropiezan.

Estos son los que fueron sembrados entre espinos: los que oyen la Palabra, pero los afanes de este siglo, y el engaño de las riquezas, y las codicias de otras cosas, entran y ahogan la Palabra, y se hace infructuosa. Y éstos son los que fueron sembrados en buena tierra: los que oyen la Palabra y la reciben, y dan fruto a treinta, a sesenta, y a ciento por uno.

"Más la que cayó en buena tierra, éstos son los que con corazón bueno y recto retienen la Palabra oída, y dan fruto con perseverancia".   *Marcos 4:14-20 y Lucas 8:15*

Aquí vemos como la semilla de Jesús sembrada en los corazones solo fructifica en una cuarta parte de los que fueron engendrados. El resto de las semillas murieron, y se secaron por falta de agua de vida. Se ahogaron por los afanes, por los deseos y por la codicia de este mundo. Tienen quizás nombre de que viven, pero en realidad, ya han muerto o están por morir. El Apóstol Juan nos da un claro diagnostico para saber quienes son estos nacidos de Dios, y quienes nada mas tienen la forma externa.

Antes de adentrarme en esto, quiero que sienta conmigo, lo que Dios siente por Su Iglesia. Cuanto El la ama y quiere verla viva y llena de poder. Por eso, es que estoy hablando como lo estoy haciendo, no para condenar a nadie, sino par que todos entremos en este nuevo milenio, poseyendo todo lo que El quiere de nosotros.

Dios está literalmente gritando desde los cielos: ¡REFORMA! ¡ES NECESARIO UNA NUEVA REFORMA!

Cuando empecé a oír este grito en los Cielos, me detuve para buscar Su rostro y entender que es lo que quería desesperadamente hablar. Fue entonces que comencé a entender y a darme cuenta de la verdadera condición de la Iglesia actual. ¿Por qué se predica tanto poder, tanta unción, tanta promesa de bendición, y el pueblo de Dios sigue como atorado, atrapado en innumerables derrotas, débil y lleno de pecado y carnalidad?

Dios quiere levantar Su Iglesia a alturas inconmensurables, pero no lo puede hacer, hasta que nos demos cuenta de nuestra realidad. Hasta que hablemos con la verdad.

El Apóstol Juan entró al tercer Cielo tantas veces, el conoció el Reino, vio el rostro de Jesús y vivió disfrutando de él todos los días. Penetró las profundidades infinitas del amor y conoció a Dios íntima y gloriosamente; y este es el que dice:

"Todo aquel que permanece en El, no peca; todo aquel que peca, no le ha visto, ni le ha conocido. Hijitos, nadie os engañe; el que hace Justicia es justo, como El es justo. El que practica el pecado *es del diablo; porque el diablo peca desde el principio. Para esto aparaeció el Hijo de Dios, para deshacer las obras del diablo. Todo aquel que es nacido de Dios, no practica el pecado, porque la simiente de Dios permanece en El; y no puede pecar, porque es nacido de Dios".*   *1 Juan 3:6-9*

¿Qué quiere decir, que no puede pecar, porque la simiente de Dios le guarda? Quiere decir que la simiente es poderosísima. Es Dios mismo dentro de nuestro ser. Y esto, lo que produce es que, cuando alguien te propone pecar, algo más fuerte que tu ser, se opone. Que aunque quisieras pecar hay una fuerza interior que te detiene, que te hace salir corriendo, como José cuando fue asediado por la mujer de Potifar. Es un poder que cuando estás en tentación, no te deja dormir. Te quita la paz, te sacude, hace lo indecible para evitar que peques.

Esto no quiere decir que eres infalible de caer; pero si llegas a resbalar, en cuanto toques el suelo, volverás a gritos, buscando Su misericordia. El no te dejará permanecer ahí ni un solo día. La experiencia será tan fuerte que te alejarás radicalmente de esa seducción. Es como cuando Pedro pecó, fue una experiencia de verdadero infierno, saber que le había fallado a quien tanto amaba. Y de ahí se levantó poderosamente hasta que entregó su vida por El.

La semilla simplemente no puede vivir con el pecado. "Si vivís conforme a la carne moriréis".

El Apóstol Juan continúa diciendo:
"En esto se manifiestan los hijos de Dios, y los hijos del diablo: todo aquel que no hace justicia, y que no ama a su hermano, NO ES DE DIOS. Nosotros sabemos que hemos pasado de muerte a vida, en que amamos a los hermanos. El que no ama a su

hermano, permanece en muerte. Todo aquel que aborrece a su hermano es homicida; y sabéis que ningún homicida tiene vida eterna permanente en él. En esto hemos conocido el amor, en que Él puso Su vida por nosotros; también nosotros debemos poner nuestras vidas por los hermanos". 1 Juan 3:10 y 14-16

Yo creo que los que son nacidos de Dios tienen una experiencia continua con el Agua de Vida. Son gente cuyos niveles espirituales empiezan a ser palpables y reconocibles por el resto del cuerpo. Son gente que ya no son más de este mundo, sino que han dejado las cosas del mundo, y son verídica e irrefutablemente, de un reino que no es de esta dimensión; el Reino de Dios.
(Recomiendo que lea "Sumergidos en Él", escrito por mi esposo Emerson Ferrell)

Creo que cuando Jesús habla de nacer de agua y del Espíritu, no necesariamente se refiere al bautismo en agua, sino a aguas de revelación, aguas de vida que salen del mismo Trono de Dios. Que los nacidos de nuevo, son necesariamente adoradores, buscadores de Dios sin descanso. Hombres y mujeres que han sido llevados por Dios a beber de esta agua, y conocen el camino para llegar a ellas y beber de ellas.

Cuando la Biblia habla de agua en este pasaje, no dice bautismo, como lo menciona clara-mente cuando se refiere al bautismo, en otras partes de la Escritura. Los teólogos han asumido que es el bautismo, pero aquí dice agua, y hay muchos diversos tipos de agua en la Palabra.

"Los que beben de las aguas que Yo doy", dijo Jesús, "no tendrán sed jamás. De su interior correrán ríos de agua de vida, y estos son los que Yo estoy buscando, los verdaderos adoradores en espíritu y en verdad." (Paráfrasis de Juan 4). No los que cantan canciones, sino los que saben llegar con su adoración hasta la misma presencia de Su Trono.

El Nuevo Nacimiento y los Niveles del Reino

Al meterme a profundidad a entender esta Reforma que Dios quiere, empecé a entender algunas cosas que a lo largo de oír tantas teologías, sólo me habían creado confusión.

Unos dicen que la salvación no se pierde, otros aseguran que definitivamente se puede perder; la cuestión es que, este asunto no ha hecho sino crear divisiones. Lo que yo y otros siervos poderosos en Dios hemos llegado a la conclusión, es que hay diversos niveles de Reino. Al entenderlo de esta manera, muchas piezas del rompecabezas encuentran su lugar.

Primer Nivel:

Este es el encuentro con Jesucristo. El nivel en el que somos engendrados con la semilla de vida. Tenemos la luz de la verdad y sabemos que Jesús es nuestro único y suficiente salvador. Este es nivel al que llamaremos "de Juan el Bautista". Juan reconoce al Salvador, predica y anuncia al Mesías, pero no tiene en su ministerio manifestación de poder y milagros. Tiene derrotas en medio de la tribulación, como lo fue, el hecho de mandarle a preguntar a Jesús, si El era el que esperaban o si vendría otro. En este nivel se encuentra la mayoría del pueblo de Dios. Reconocen su salvación, pero son como niños que tienen que aprender aún como ser vencedores y entrar en su tierra prometida. En este nivel se encuentra la promesa del Reino, pero no su manifestación. Si la persona muere en este nivel, entra a poseer las riquezas del Reino después de su muerte.

En Gálatas 4:1-7, el Apóstol Pablo hace una analogía a este respecto, usando un contexto que era común a las tradiciones de los Judíos. En el pensamiento hebraico, un padre tenía su descendencia. Eran sus herederos potenciales, pero estos no eran considerados "hijos herederos", sino hasta el tiempo en que cumplían los 30 años, y entraban en lo que se llamaba "la adopción como hijos". En ese momento, el Padre escogía a los hijos que a El le parecían bien, no a todos, y a estos nombraba como "hijos herederos".

"Entre tanto que el heredero es niño, en nada difiere del esclavo, aunque es señor de todo; sino que está bajo tutores y curadores hasta el tiempo señalado por el padre. Así también nosotros, cuando éramos niños, estábamos en esclavitud bajo los rudimentos del mundo. Pero cuando vino el cumplimiento del tiempo, Dios envió a Su Hijo, nacido de mujer y nacido bajo la ley, para que redimiese a los que estaban bajo la ley, a fin de que recibiésemos la adopción de hijos".   *Gálatas 4:1-5*

Bajo este principio, es que Jesús tiene que esperar a cumplir treinta años para entrar en posesión de Su ministerio. Y una vez entrado en las aguas, el Padre desde el Cielo dijo: "Tu eres mi Hijo bien amado en quien tengo complacencia", ahí se cumplió públicamente el reconocimiento de que Jesús era "El Hijo Heredero del Padre".

Esta misma analogía se aplica también al cristiano que es un niño. Es heredero en potencia, pero mientras no muera a los rudimentos del mundo, esto es, a los principios con que se maneja el mundo, no puede entrar en posesión de lo que es suyo por derecho. Esta es la persona que recibe la semilla del Reino, ha sido engendrada por Dios, y está en proceso de rompimiento y de morir a este mundo, para nacer de nuevo. Si logra vencer y morir a la carne, entrará al segundo nivel de Reino.

"...es necesario que a través de muchas tribulaciones entremos en el Reino de Dios".   *Hechos 14:22*

Si deja morir su vida espiritual, por causa de su carnalidad, será abortada, y no nacerá de nuevo.

SEGUNDO NIVEL:

Esta es la adolescencia espiritual, y a la que llamaremos. Nivel de "Jesús en Su ministerio, antes de la resurrección". En esta etapa, vemos ya la clara manifestación de un ministerio de prodigios y milagros. Se ve autoridad en el creyente y una vida espiritual creciente y sana. En este nivel del Reino, el diablo ya empieza a sufrir derrotas a través de la activa diligencia de los guerreros de Dios en este nivel. El creyente es ordenado en el ministerio y la gente lo sigue, porque ve el favor de Dios sobre su vida. Escucha con claridad la voz de Dios y es definitivamente guiado por el Espíritu. Sin embargo, no tiene todavía nada de autoridad.

TERCER NIVEL:

Esta es la madurez espiritual, y a la que llamaremos nivel de "Cristo Resucitado". Aquí ya entramos en niveles de Reino mucho mas adelantados. Aquí el diablo ha sido ya vencido totalmente, y el creyente goza de "Toda Autoridad". En este nivel, se ve la activa manifestación de la unión de todas las cosas, así las que están en los Cielos como las que están en la tierra. (Conforme a Efesios 1:9) Esta es la autoridad de la resurrección. Esto es por lo

LA ENTRADA AL REINO DE DIOS   173

que el Apóstol Pablo clamaba con todas sus fuerzas, pagando el precio de terribles cadenas y altísimos niveles de muerte interior. "Quiero conocerlo a El, y el poder de Su resurrección", (Filipenses 3:10). Y continúa diciendo:

"No que lo haya alcanzado ya, ni que ya sea perfecto; sino que prosigo, por ver si logro asir aquello para lo cual fui también asido por Cristo".

Filipenses 3:12

Hemos sido asidos para un Reino sin límites, donde se funden haciéndose uno los Cielos y la tierra. En éste nivel, Jesús tiene ya como hombre vencedor y como el primogénito, toda la autoridad. Puede ir al cielo y regresar; como cuando se apareció a María Magdalena, y le dijo:

"No me toques, porque aún no he subido a mi Padre; mas ve a mis hermanos, y diles: Subo a mi Padre y a vuestro Padre, a mi Dios y a vuestro Dios".

Juan 20:17

Se le ve también aparecer en medio de Sus discípulos y luego desaparecer.

"Cuando llegó la noche de aquel mismo día, el primero de la semana, estando las puertas cerradas en el lugar donde los discípulos estaban reunidos por miedo de los judíos, vino Jesús, y puesto en medio, les dijo: Paz a vosotros".

Juan 20:19

Aquí Jesús va a introducir nuevos y profundos niveles de Reino.

"Y después de haber padecido, se presentó vivo con muchas pruebas indubitables, apareciéndoseles durante cuarenta días y hablándoles acerca del reino de Dios".

Hechos 1:3

Es en este nivel que vamos a ver las más extraordinarios batallas espirituales contra los altos rangos de las fuerzas de las tinieblas. El cumplimiento de la posesión de la victoria total y absoluta de Jesucristo.

"Y que el Reino, y el dominio y la majestad de los reinos debajo de todo el cielo, sean dados al pueblo de los santos del Altísimo, cuyo Reino es Reino eterno, y todos los dominios le servirán y obedecerán".   Daniel 7:27

Es en este nivel en que se unen los Cielos y la tierra, en donde yo veo el cumplimiento de Hebreos 6:4-5

"….los que una vez fueron iluminados y gustaron del don celestial, y fueron hechos partícipes del Espíritu Santo, y asimismo gustaron de la buena palabra de Dios y los poderes del siglo venidero…"

CUARTO NIVEL:

Este es el nivel de la invasión total de los Cielos sobre la tierra; al cual llamaremos el nivel de "Cristo ascendido al Cielo y sentado en el Trono".

Es el nivel de la Gloria de Dios llenando toda la tierra. El nivel de la restauración de todas las cosas. El nivel donde el Tabernáculo de adoración es manifestado en la tierra. Es el nivel de total gobierno de lo celestial sobre lo terrenal. Yo creo que muy pocos alcanzarán este nivel. Estos son los que gobiernan con Cristo y a quienes les da autoridad para juzgar.

"Y vi tronos, y se sentaron sobre ellos los que recibieron facultad de juzgar…"   Apocalipsis 20:4

También está escrito:

"Al que venciere y guardare mis obras hasta el fin, Yo le daré autoridad sobre las naciones, y las regirá con vara de hierro, y serán quebradas como vaso de alfarero; como Yo también la he recibido de mi Padre..."   Apocalipsis 2:26-27

Ahora bien, volviendo a retomar el asunto del nuevo nacimiento, en relación con los cuatro niveles de Reino. La gran problemática viene a mí, cuando leo, primeramente la parábola del sembrador, donde definitivamente yo veo que solo una cuarta parte de la semilla fue la que salió de la tierra y produjo fruto. Por lo que creo que solamente una cuarta parte de los que han sido engendrados por la semilla de salvación, realmente la obtuvieron, y las otras tres cuartas partes, por las diferentes razones que Jesús menciona, fueron abortadas y necesitan ser reengendrados, si no, no entrarán en la vida eterna. Aunque también creo que Jesús hará todo lo indecible para que no se pierdan.

El dijo claramente:
"No todo el que me dice: Señor, Señor, entrará en el Reino de los Cielos, sino el que hace la voluntad de mi Padre que está en los Cielos".   Mateo 7:21

Este razonamiento me da la salida a otro gran dilema de las Escrituras, el cual lo encontramos en Hebreos 6:4-6.

"Porque es imposible que los que una vez fueron iluminados y gustaron del don celestial, y fueron hechos partícipes del Espíritu Santo, y asimismo gustaron de la buena Palabra de Dios y los poderes del siglo venidero, y recayeron, sean otra vez renovados para arrepentimiento, crucificando de nuevo para sí mismos al Hijo de Dios y exponiéndole a burla".   Hebreos 6:4-6

Mi pregunta es ¿Cuántos millones de cristianos, pretenden tener al Espíritu Santo, hablan en lenguas, y están en pecado, han caído o han vuelto al mundo? La respuesta, amado lector es millones. ¿Cuántos pastores y siervos han caído, entre los que se conoce y los que aún están encubiertos? Miles. Si es imposible que sean renovados para arrepentimiento, entonces están condenados y no hay esperanza para ellos. Pero conociendo el infinito amor de Dios para con nosotros, la solución es obviamente otra.

Yo creo que la respuesta se encuentra en la concientización de los diversos niveles de Reino. Pienso y creo que esto viene de Dios. Que en los dos primeros niveles de Reino, la semilla puede ser abortada, pero también puede ser reengendrada tras un sincero arrepentimiento. Y es por eso, que vemos gente que dejó el Evangelio y luego regresó a él, y fue restaurada. Lo que acabamos de leer en la Epístola de Hebreos aplica solo a los niveles tres y cuatro. (Los que recibieron los poderes del Reino venidero).

También, creo que es prácticamente imposible, que alguien a quien Dios le concede llegar a estos dos últimos niveles, pueda volverse al pecado.

UNA ORACIÓN POR USTED

Quiero aprovechar para hacer una oración por usted, amado lector. Quizás, tras leer estas palabras, usted se ha dado cuenta que su semilla fue ahogada por los afanes de este mundo, por el pecado o porque el calor de intensas tribulaciones secaron su vida espiritual apenas naciente, o el diablo se la robó. La verdad es que usted no siente la guía del Espíritu en su vida cotidiana. No escucha la voz de Dios, no percibe el mundo espiritual, ni tiene manifestaciones evidentes de la presencia de Dios en su vida. Si éste es usted, permítame orar para que Dios reengendre Su Espíritu en usted. Haga esta oración conmigo:

Padre celestial, te pido perdón, por no haber cuidado con diligencia la perla de gran precio, que era tu misma vida en mí. Perdóname porque los afanes y los deleites de este mundo, tomaron la preeminencia hasta que dejé de sentir. Hoy quiero volver a ti con todo mi corazón.

Tome unos momentos y vea el estado de su alma frente a Jesús clavado en la cruz, muriendo por usted. Pídale al Espíritu Santo que le revele la condición de su alma. Vea sus pensamientos, sus motivaciones, vea la fuerza que verídicamente está decidiendo el curso de su vida. Y vea a Jesús llevando su pecado en el más horrendo dolor.

No continúe leyendo hasta que pueda abrazar a Jesús crucificado, y pueda dejar todos sus pecados en cada una de Sus llagas. Las padeció por amor a usted y esto no es cosa ligera. Esta es la revelación más importante para empezar una vida de victoria con El. Ahora, pídale con sus propias palabras, que siembre Su Espíritu en usted y que lo ayude a caminar en rectitud y en santidad; que esta vez, usted cuidará de esa semilla hasta que dé fruto hasta el treinta, el sesenta y el ciento por uno.

Y yo proclamo sobre su vida, que a partir de hoy, usted entra en el Reino de Dios como una nueva criatura, engendrada por el Espíritu, y que todos los diseños que el Señor tiene para su vida se cumplirán. Que a partir de hoy usted será un cristiano victorioso, que alcanzará los más altos niveles de Su Reino.

SECCION II

¡REFORMA!

8

¡PRINCIPIOS DE REFORMA!

"Y si todavía nuestro Evangelio está aún velado, para los que se pierden está velado, en los cuales el dios de este siglo ha cegado el entendimiento de los incrédulos, para que vean el resplandor del Evangelio de la gloria de Cristo, que es la imagen de Dios".

2 Corintios 4:3-4 (Parafraseado)

D esde que entramos al Siglo XXI, Dios me mostró cambios radicales que venían sobre el mundo y sobre la Iglesia. Recuerdo que estaba adorando en un congreso, justo a finales de 1999, cuando vi en los Cielos abiertos un enorme libro descendía, tan grande como el tamaño de una ciudad.

En sus páginas abiertas, veía a miles de hombres y mujeres con autoridad. Cuando hablaban, todos se sometían a ellos, porque eran hombres de gran renombre. Eran ministros de Dios. Sus voces eran elocuentes, pero se daban la espalda los unos a los otros.

Entonces oí la voz de Dios que decía: "Este es el libro de la vida, en él están escritos todos mis designios". En ese momento, una gigantesca página empezó a levantarse, y se dio la vuelta para caer sobre la anterior. El Señor volvió a hablar: "Estoy cambiando la pagina de la historia. La Iglesia del Siglo XX ha quedado atrás, y los que se queden aferrados a sus estructuras, serán acallados. Muchas de las voces influyentes que has oído hasta ahora, ya no las oirás más. Yo estoy levantando una nueva generación que tendrá temor de mí, y hablará lo que le dé que hablar. No hablará por su propia cuenta, sino que Yo le daré que hablar. Será una generación que me amará y que me honrará, porque tendrá mayor temor de mí que de los hombres".

Mientras oía al Señor, la página fue cayendo lentamente. En la medida que el espacio entre las hojas anteriores y ésta se iba estrechando, las voces se iban apagando. Gritaban desesperadamente para ser oídas, pero no salía más sonido de sus gargantas. La página terminó de caer, y se hizo un breve silencio. Luego vi en el lado nuevo de la hoja, una serie de gente nueva, fresca, llenos de la presencia y de la gloria de Dios; y sus voces empezaron a ser increíblemente sonoras. Vi muchos jóvenes, algunos hombres y mujeres de mediana edad, y tan solo unos pocos hombres de edad.

Dios viene con gran potencia sobre Su pueblo, para sacudir todo lo que tiene que ser sacudido, a fin de que permanezca lo inconmovible. Y usará lo vil y lo menospreciado del mundo para avergonzar al sabio. Una clara diferencia se dejará ver entre la gente del Reino y la gente religiosa de la Iglesia. Y una ola de Su poder irresistible, de Su amor y del conocimiento de Su gloria, cubrirá la tierra, como las aguas cubren la mar.

Será Predicado un Evangelio de Gloria

"Pero si nuestro Evangelio está aún encubierto, entre los que se pierden está encubierto; en los cuales el dios de este siglo cegó el entendimiento de los incrédulos, para que no les resplandezca la luz del Evangelio de la gloria de Cristo, el cual es la imagen de Dios".   *2 Corintios 4:3-4*

Casi no puedo dormir, escuchando al Espíritu Santo gemir día tras días por la Iglesia. La ama tanto, añora verla en el fuego, como la vio cuando fue concebida en el seno de la Trinidad. Antes que el mundo fuese, El ya veía y se regocijaba con todos los planes gloriosos que el Padre tenia para Su amada.

"Me regocijo en la parte habitable de su tierra; y mis delicias son con los hijos de los hombres".   Proverbios 8:31

Jesús vino a predicar el Evangelio de gloria. Un Evangelio, que transforma y que cambia la vida. Un Evangelio, que son las buenas nuevas de Su gran poder y de Su Reino, viniendo en medio de nosotros.

Jesús se pasó cuarenta días, después de Su resurrección, enseñándoles a Sus discípulos los misterios del Reino. Dándoles las llaves para entrenar una Iglesia poderosa. Una Iglesia donde las señales, los prodigios y la revelación, harían visible la gloria de Dios.

Ellos no tenían Biblias, ni libros publicados por grandes autores cristianos, pero tenían al Espíritu Santo. Dependían de El para todo. Era tan impresionante lo que sucedía cuando recibían al Espíritu Santo, que dice Su Palabra.

"Cuando hubieron orado, el lugar en que estaban congregados tembló; y todos fueron llenos del Espíritu Santo, y hablaban con denuedo la Palabra de Dios".   Hechos 4:31

No necesitaban cursos de entrenamiento, ni escuelas dominicales para salir a hacer la obra de Dios. Ahora bien, no estoy en contra de esto, pero quiero que nos demos cuenta, que ellos veían algo. Estaban expuestos a algo que era tan genuino, tan verdadero, tan lleno de poder, que los convertía en ministros instantáneos. Cuando estamos llenos del Espíritu Santo, sale de nuestros labios un Evangelio de gloria, que transforma el alma.

Cuando yo me convertí en 1985, vi el poder de Dios en forma extraordinaria en el hospital psiquiátrico donde me encontraba confinada. Fui llena del Espíritu Santo. Y esto hizo, que en los quince días que siguieron a mi conversión, prácticamente vaciamos el hospital, echando fuera demonios y sanando enfermos. Yo simplemente creí, como está escrito:

"Y a los que creyeren estas señales seguirán a los que creen: En mi nombre echarán fuera demonios; hablarán nuevas lenguas; tomarán en las manos serpientes, y si bebieren cosa mortífera, no les hará daño; sobre los enfermos pondrán sus manos, y sanarán".   *Marcos 16:17-18*

Hoy por hoy, yo no veo que ésta sea la experiencia de los miles y miles que se acercan a las Iglesias todos los días. De alguna manera, la Iglesia del Siglo XX, que tuvo muchos aciertos y momentos grandes de avivamientos, sanidades y prodigios, también cometió graves errores. Y uno de ellos, es la forma en que la mayoría de la gente lleva el Evangelio a los perdidos.

Quiero que vea una realidad junto conmigo; porque el deseo de mi corazón no es criticar a nadie. Lo que quiero es traer un poco de luz, que contribuya a que juntos podamos hacer un diagnóstico, de lo que está bien y de lo que está mal. De esta manera, podremos ayudar a que la Iglesia crezca sana y poderosa, lo cual es el anhelo de Jesús.

Lo que vemos hoy en una gran parte de las Iglesias, y de la gente en particular. Son congregaciones donde todo el trabajo lo llevan a cabo, quizás el 10% de la Iglesia, mientras que el 90% calienta las bancas. Vive dormida, quejándose de todo, hablando mal de todo el mundo, enferma física y emocionalmente y una gran parte de ellos, con serios problemas financieros. Viven una vida carnal y sin poder. No es importante para ellos el hecho de pecar, pero si, quieren todas las bendiciones de Dios. Cada vez que viene un hombre o una mujer poderosa de Dios, corren a los altares a recibir la unción; pero tras recibir un montón de unciones, siguen en la misma y no hacen nada con lo que les fue impartido.

El otro 10%, la va sobrellevando como puede; con un trabajo extenuante en la Iglesia y fuera de 'ella. Ellos son explotados miserablemente por la gente que no tiene cuidado de sus necesidades más esenciales, pero que exige todo de ellos. Viven de rodillas clamando a Dios, para sacar la congregación adelante y pagar las cuentas; mientras una buena parte no hace sino darle a Dios lo mínimo, y robarle en Sus diezmos y ofrendas.

Los pastores viven cargando una carga que los está matando, sin que la gente tenga misericordia de ellos. Son abrumados y abusados por cientos y miles de gentes que solo buscan el bienestar y las respuestas para ellos mismos. Llega a ser tan fuerte la carga y la responsabilidad, que si una oveja se cambia de Iglesia, ya es motivo de división entre algunos pastores. El temor empieza a invadir las decisiones, porque la tensión llega a ser muy fuerte. El amor y la libertad que debería reinar, es cambia-do por actitudes y espíritus de control.

Muchas veces cuando entro a orar en la presencia de Dios y El me abre Su corazón, puedo escuchar los gritos ensordecedores de los pastores y ministros de Dios, que simplemente, ya no pueden más. Este es uno de los sonidos más estruendosos dentro del corazón de Dios. El clamor de los siervos desesperados y agotados que no tienen con quien hablar, ni con quien derramar su alma. Mientras el diablo ruge a sus oídos para despedazarlos, tienen que mantener la apariencia de gozo y entereza; pero por dentro, se están desangrando. La rígida estructura de una Iglesia intolerante, inmisericorde, inhumana los tiene aprisionados; quieren salir, pero no saben como.

Quiero que sepas, amado siervo que estás leyendo estas líneas, que Dios te oye, que no estás desamparado, y que Dios está a punto de hacer algo radical para ayudarte. El te ama infinitamente, y sabe lo que estás pasando. El ha llorado contigo cada vez que has llorado. Cada vez que te han perseguido y crucificado injustamente. Y tu galardón es grande en los Cielos.

Recuerdo una vez que predicaba el Pastor Rafael Jiménez, en un congreso que hicimos para líderes en la ciudad de México. Habíamos unos mil doscientos pastores en el auditorio de un hotel. De pronto, el Espíritu lo tomó y con el corazón compungido, dijo: "Dios me está mostrando que aquí hay más de un pastor que dijo: 'si Dios no hace algo, ésta misma semana me voy a quitar la vida'". Hubo un silencio sepulcral en la sala, luego un llamado al altar para orar por ellos. Cual no sería mi sor-presa, al ver a más de cuatrocientos pastores corriendo a ese llamado. El llanto de esos pastores, literalmente, acalambraba el alma.

En otra ocasión, mientras adoraba al Señor, vi en visiones de Dios, al Señor Jesús que venia cabalgando en un caballo blanco. Su rostro tenia una furia, como nunca lo había visto. Delante de El, había un enorme edificio de hierro, lleno de gente que gemía. Entonces se paró frente a él, y sacó una vara de hierro, y con un solo movimiento de gran fuerza, golpeó la estructura metálica, y ésta se vino al suelo súbitamente. En ese momento, se volteó y me miró, y con gran voz me dijo: "Dile a mi pueblo, que vengo con vara de hierro contra la estructura de rigidez religiosa que subyuga a mi Iglesia. Y diles, que el que no salga de ahí, sentirá mi vara de hierro. Y diles, que todavía no saben lo que es mi vara de hierro".

Algo está muy mal, y está por matar la vida espiritual de gente muy valiosa. ¿Dónde nos equivocamos? ¿Dónde empezamos a desviarnos? ¿Por qué no vemos esa Iglesia poderosa que tanto predicamos?

Pastores, líderes, Iglesia, es necesario que hagamos un alto, y traigamos cambios radicales. Millones de personas categóricamente ya no aguantan seguir viviendo en una estructura religiosa; en una estructura de mascaras y sin poder.

Lo que yo veo, es que hemos llevado a la gente, un Evangelio diluido, un Evangelio sin compromiso, un Evangelio barato. Hemos predicado a Cristo como si fuera una galleta de oferta, que es su mejor opción en el mercado. Un Evangelio hecho de reglas conjuntadas por hombres buenos y hombres con carga por los perdidos, pero que desgraciadamente omitieron cosas básicas.

En la gran mayoría de los casos, el arrepentimiento ni siquiera se le predica a los inconversos. La gente es traída a las Iglesias sin jamás siquiera, haber experimentado una carga por sus pecados. Sin haber siquiera, considerado el estado de su alma. Si bien la salvación es por gracia y por medio de la fe, también tiene una puerta, y es una puerta estrecha. Y esa entrada es confesar nuestros pecados y clavar nuestra vida con Cristo, en la Cruz del Calvario. Este es el diseño de Dios en el Tabernáculo de Moisés, donde a la entrada se encontraba el Altar del Sacrificio.

Este también, es el modelo de Dios a través de Cristo. El mismo dijo:

"…Si no os arrepentís, todos pereceréis igualmente".

Lucas 13:5

En las famosas cuatro leyes para llevar el Evangelio que hoy se predican, está omitido que uno diga: "es necesario que te arrepientas y le entregues tu vida a Jesús". La consecuencia de hacer llamados a la salvación, sin arrepentimiento sincero y sin compromiso por parte del nuevo creyente, da a luz Iglesias llenas de pecado y sin compromiso. Una persona que se entrega a Cristo en la consciencia de un compromiso profundo y siendo consciente de su estado de perdición, recibirá la salvación con profundo agradecimiento, y por lo tanto, su caminar será de entrega a Dios y fidelidad.

Esta no es una opinión personal, es una realidad comprobable en el mundo entero. Jesús no les dio a Sus discípulos un sermoncito evangelístico, para que se lo aprendieran de memoria, y llevaran así el mensaje de salvación. Tampoco los mandó a repartir tratados, obviamente no había imprentas. Pero, lo que quiero enfatizar, es que no les dio el caminito fácil de los evangelizadores del Siglo XX.

Jesús se sentó con ellos, les impartió el Espíritu, les enseñó como se echaban fuera demonios. Los adiestró a discernir de donde venían las enfermedades. Demostrando Él Su poder, se los dio de gracia, para que ellos a su vez, hicieran lo mismo.

Les habló del Reino de los Cielos y las posibilidades gloriosas que implican entrar en el Reino. Cuando los envió, les dijo: "Predicad diciendo, el Reino de los Cielos se ha acercado". Y luego los instruyó para que demostraran lo que es el Reino.

Nos emocionamos cuando vemos en un estadio correr a cientos de personas al llamado de salvación. Y luego nos sorprendemos que ni el 2% de ellas se integre a la Iglesia. El problema es que algo está mal en la forma en que invitamos a la gente a venir a Jesús. Pedro, lleno del Espíritu Santo, el día de Pentecostés, predicó y 3000 personas se convirtieron. El no predicó un sermoncito agradable que no fuera a ofender a nadie. Tras de demostrar el poder, concluyó diciendo:

"Sepa, pues, ciertísimamente toda la casa de Israel, que a este Jesús a quien vosotros crucificasteis, Dios le ha hecho Señor y Cristo. Al oír esto, se compungieron de corazón, y dijeron a Pedro y a los otros apóstoles: Varones hermanos, ¿qué haremos? Pedro les dijo: Arrepentíos, y bautícese cada uno de vosotros en el nombre de Jesucristo para perdón de los pecados; y recibiréis el don del Espíritu Santo.
Así que, los que recibieron su palabra fueron bautizados; y se añadieron aquel día como tres mil personas".

Hechos 2:36-39 y 41

Créame, porque es lo que estamos viendo los que hemos entendido el Evangelio de gloria. Miles están viniendo a los pies de Cristo y están entrando en el Reino de Dios.

El Señor me hizo una pregunta un día, y me dijo: "Hazle esta pregunta a mi pueblo, ¿Cuál es la diferencia entre invitar a Jesús a ser Señor de tu reino y entrar tú al Reino de Dios?

La gran mayoría de los cristianos invitan a Jesús a ser el Señor de sus reinos, pero jamás han entrado a Su Reino. Y lo que es peor en muchos, ni siquiera es su Señor, es su sirviente. La relación que tienen con El, no es la de honrarlo como Señor; sino la de: "¡Dame!, ¡Ayúdame!, "¡Provéeme!, ¡Sáname!, ¡Abre la puerta, cierra la puerta! etc." Mi oración es: "¡Reforma OH Dios, la predicación del Evangelio, para que millones te conozcan y entren verdaderamente en tu Reino!".

9

LA REVELACIÓN:
CRISTO EL APÓSTOL

"Por tanto, hermanos santos, participantes del llamamiento celestial, considerad a Jesús, el Apóstol y Sumo Sacerdote de nuestra fe, Cristo Jesús…"

Hebreos 3:1

En la última década del siglo pasado y principios de éste, vimos un florecimiento sumamente importante del mover profético. El Espíritu Santo está revelando a Cristo en una manera maravillosa.

Nuevos torrentes de unción y de conocimiento de Dios han estado descendiendo sobre la Iglesia. Hay una insatisfacción y una pasión en el verdadero pueblo de Dios, que el Señor mismo está usando para llevarnos a niveles gloriosos como jamás ninguna otra generación ha conocido. Entre las nuevas cosas que están sucediendo, hay un renacimiento de un mover apostólico. Este es el principio de la nueva Reforma. Por muchos lados se oye hoy en día acerca de este nuevo mover. Dios está levantando grandes hombres y mujeres con una unción diferente, una unción apostólica para cumplir Sus planes sobre la tierra.

Estas palabras crean conflicto en algunas personas, esto se debe a la forma errada en que muchos manejan el concepto de apóstol, usándolo como una forma de ponerse sobre otros y subyugarlos bajo su control. Por esta razón, le pido que ponga de lado toda idea preconcebida de "lo apostólico" y abra su espíritu a una revelación fresca del Cielo. Lo primero que tenemos que entender, es que "lo apostólico", no es tan solo uno de los cinco ministerios mencionados en la Epístola de los Efesios, capítulo cuatro, sino una manifestación de Cristo sobre la tierra. Déjeme ir a la raíz de todo esto. Para entender qué es "lo apostólico", es necesario entender primero lo que es el mover profético, ya que el uno conlleva a lo otro.

La Escritura dice que el Espíritu de la profecía es el testimonio de Jesús. Apocalipsis 19:10. Esto quiere decir, que necesariamente, la manifestación de lo profético es la revelación de todo lo que es Jesús. El corazón de la profecía, no es decirnos cosas hermosas que Dios tiene para nosotros, sino tiene como objetivo revelar las facetas multiformes de Cristo mismo.

La Iglesia gloriosa que Jesús está levantando, no está cimentada en doctrinas, sino en revelación y en el conocimiento íntimo de Jesús, así como en un entendimiento profundo de los diferentes niveles del Reino de Dios que El quiere mostrarnos.

La unción profética nos permite ver y entender el mundo espiritual. Nos llevará a descubrir y ver los diseños de Dios en los Cielos, y nos aclarará la autoridad para hacer proclamaciones y actos simbólicos que establezcan la voluntad de Dios en las regiones celestes. Es esta unción la que produce el poder para enderezar lo torcido, allanar los montes altos, llenar los valles y preparar el camino para el Señor. Además de esto, es la que da a luz la poderosísima revelación de Cristo "El Apóstol".

Cuando El se hace presente como Apóstol, trae nuevos niveles de poder y de gobierno divino, que van a provocar que se establezcan los designios y las estructuras de Dios en el mundo natural. Es la habilidad sobrenatural que Dios concede, de traer las cosas de lo invisible a lo visible. Esto no es solamente Dios señalando apóstoles, que por supuesto lo hará, ni tampoco se trata de cómo hacer una denominación, o una serie de reglas para supervisar Iglesias ¡No!. Es una manifestación de Cristo que

LA REVELACIÓN: CRISTO EL APÓSTOL   197

afectará toda la tierra, y cambiará el curso de la Iglesia hacia las más grandes dimensiones de gloria. Tocará a todos los creyentes, y vendrá poderosamente sobre inconversos para atraerlos al Reino de Dios.

Entender lo apostólico, es entender una revelación nueva y específica de Cristo con toda la gama de características que están comprendidas en ella. Los pastores se empezarán a mover bajo esta unción, sin que necesariamente signifique que son apóstoles. Serán pastores bajo una nueva dimensión de poder, se convertirán en odres nuevos donde Dios derramará de Su vino nuevo en una forma gloriosísima. Lo mismo les sucederá a evangelistas, maestros y profetas.

La forma de orar y de adorar serán transformadas y llevadas hacia alturas impresionantes. El verdadero orden de Dios empezará a manifestarse en todas las cosas. La voluntad de Dios será hecha en la tierra así como es hecha en los Cielos. Esto producirá que el poder más grande de Dios descienda sobre la Iglesia para ver surgir el Reino de Dios en toda su magnitud. Esto traerá fuertes sacudimientos en métodos y doctrinas humanas que fracasaron, tanto en traer la gloria de Dios a la tierra, así como en recoger la gran cosecha.

En éste mover, Dios alineará a Su pueblo con Su Justicia y con Su Rectitud. Lo que veremos en las Iglesias, no será más la elocuencia del hombre, ni los planes y rutinas de pastores bien intencionados, sino que veremos Su gloria a Cielo descubierto. Esto afectará la forma en que se predica y en que se alaba, todo lo humano vendrá abajo, para que permanezca lo celestial.

Los Cielos irrumpirán literalmente con maravillosas visitaciones angélicas durante los servicios y también en la vida cotidiana de los creyentes, porque el Espíritu Santo estará uniendo los Cielos y la tierra como esta escrito:

"Dándonos a conocer el misterio de Su voluntad, según Su beneplácito, el cual se había propuesto en Sí Mismo, de reunir todas las cosas en Cristo, en el cumplimiento de los tiempos establecidos, así las que están en los Cielos como las que están en la tierra".

Efesios 1:9-10

Lo más precioso, es que ya ha empezado a suceder. Esta unción viene para unir. Fundirá las dos dimensiones, la natural y la espiritual. Unirá el cuerpo de Cristo, unirá a padres e hijos y traerá reconciliación entre las generaciones. Los padres estarán gozosos con el éxito de los hijos y los hijos honrarán a los padres. Y hablo no solo en sentido natural, sino también espiritual. El gobierno interno de la Iglesia será el de verdaderos padres que impulsan y protegen a sus hijos.

Lo Apostólico, es la MANIFESTACIÓN REDENTORA DE TODAS LAS COSAS. Todo lo que toca esta unción, trae redención. La Palabra dice:

"Porque al Padre agradó que en El habitara toda la plenitud, y por medio de El reconciliar consigo todas las cosas, así las que están en la tierra como las que están en los Cielos…"

Colosenses 1:19-20

Esto significa que veremos cómo se concretan todos los diseños y los planes de Dios en nuestra vida. Veremos cómo fuimos concebidos y los propósitos con los cuales el Señor creó las naciones, pervertidos por el diablo, pero redimidos en este tiempo. Las naciones entrarán en una nueva luz, manifestándose los Cielos en la tierra y veremos establecerse el gobierno de

Dios sobre el mundo. Dios escogerá a los que reinarán con El y las decisiones importantes en una nación, no las tomarán los inconversos, sino los hijos de Dios. Veremos constituciones cambiarse, partidos políticos que han servido a los planes del diablo, se vendrán totalmente abajo.

El tiempo ha llegado en que gobernemos con Jesús. No me refiero tan solo a cristianos en la política, que también se dará el caso, y grandemente; me refiero a un gobierno espiritual, que determinará el curso y las decisiones de un gobierno natural. Como se dio el caso de Rees Howells, quien desde un cuarto de oración con su equipo de oración, trabajó en la derrota de Hitler.

Los hijos de Dios de esta nueva generación apostólica, abrirán las puertas de los tesoros escondidos. Fuentes de riquezas que aún no han sido descubiertas, saldrán a la luz. Esto sucederá por que los verdaderos profetas y apóstoles lo declararán en el poder del Espíritu, y las traerán de lo invisible a lo visible.

Los planes de Dios se establecerán sobre la tierra. La Iglesia saldrá de sus cuatro paredes para manifestar la gloria y el poder de Dios en todas las esferas de la sociedad. El río que sale del Templo de Dios en los Cielos, inundará las calles de las ciudades con un ejército de creyentes, siendo mensajes vivientes, que derramarán el amor del Padre y Su poder por dondequiera que vayan. Se cumplirá la Palabra que dice:

"¡Levántate y resplandece porque ha llegado tu luz, y la gloria de Jehová a nacido sobre ti! Porque he aquí que tinieblas cubrirán la tierra y oscuridad las naciones, más sobre ti amanecerá Jehová y sobre ti será vista Su gloria".   *Isaías 60:1-2*

El río tocará a millones, porque va cargado de vida, de fruto, y traerá sanidad a las naciones. Veremos surgir apóstoles en el mundo financiero. Hombres y mujeres llenos de la gloria de Dios y de celo divino, que atraerán hacia sí, las riquezas de las naciones. Serán verdaderas columnas económicas, con un corazón generoso y puro, que ayudarán a todo necesitado y ayudarán a establecer el Reino de Dios. Serán mensajeros (apóstoles) del Señor para poner en manos de los verdaderos siervos del Altísimo los fondos necesarios para que el Evangelismo llegue a toda criatura.

Vamos a ver levantarse impresionantemente ministerios de mujeres poderosas. Veremos jovencitos moverse en un poder de revelación extraordinario. Se da cuenta que esto va mucho más allá del concepto apostólico del siglo pasado, que solo se limitó a pastores dando cobertura a otros pastores, pero que aún no habían recibido la magnitud de lo que este mover significa.

LA ESENCIA DEL ESPÍRITU APOSTÓLICO

En esta unción redentora de Cristo, vamos a observar la revelación de Su luz como nunca antes. Es la luz, el vehículo que trae del Cielo a la tierra la redención.

Vemos en el libro de Génesis, como la tierra se encontraba desordenada y vacía; las aguas cubrían la faz del abismo, y el Espíritu de Dios se movía sobre la faz de las aguas. Es en ese momento que se revela esta manifestación de "Cristo-Apostolos". Dios proclama la luz en existencia. Esta luz, que no es la del sol, es el Señor mismo, es el Espíritu de la profecía. La luz representa, lo que es revelado, lo que permite ver donde no se veía.

Lo primero que la luz señala son los límites de las tinieblas. Luego viene la redención de la tierra. Primero las tinieblas son puestas en su lugar, luego puede venir la restauración y la creación de todas las cosas. Para que haya creación y lo invisible pueda venir al plano visible, Dios tiene que empezar con restaurar lo que está en desorden. El orden, que es característico del mover apostólico, lo primero que hace, es dividir lo que está revuelto en caos, a fin de que cada parte encuentre su lugar. Vemos entonces la tierra en desorden, la luz resplandece sobre ella, y Dios empieza a enviar Su poder apostólico.

Ahora quiero que vea esto como una analogía, como El empezó las cosas, es también como las va a terminar, a fin de que todo sea restaurado como al principio. Lo que le sucedió a la tierra en el Génesis, le está sucediendo ahora a la Iglesia.

Primeramente, Dios está separando la luz de las tinieblas. La mayor ola de discernimiento del mundo espiritual está viniendo sobre el cuerpo de Cristo. El Señor nos está llevando a niveles de luz que literalmente están haciendo huir las tinieblas. Y éste es precisamente el "Apostolos Crístico" que fue enviado a la tierra y hecho carne.

"En el principio era el Verbo, y el Verbo estaba con Dios y el Verbo era Dios. Este era en el principio con Dios. Todas las cosas por El fueron hechas, y si El nada de lo que ha sido hecho fue hecho. En El estaba la vida, y la vida era la luz de los hombres, la luz en las tinieblas resplandece, y las tinieblas no prevalecieron en contra de la luz".
Juan 1:1-5

Aquí vemos claramente, como al manifestarse la vida que es la luz, empieza una guerra espiritual que cambia toda la atmósfera, disipando las tinieblas. Primero tenemos que delimitarle su lugar a satanás, echarlo de en medio nuestro para que el orden de todas las cosas pueda ponerse en movimiento. Mientras haya tinieblas en nuestro interior o alrededor nuestro, no podremos ver la gloria de Dios. Es la gloria, la que produce la transformación de todas las cosas. Es por eso, que primeramente tenemos que lidiar con la oscuridad.

"Porque el mismo que hizo que de las tinieblas resplandeciese la luz, es el que resplandeció en nuestros corazones para iluminación del conocimiento de la gloria de Dios en la faz de Jesucristo".   *2 Corintios 4:6*

El verdadero mover apostólico y de reforma trae un nivel altísimo de iluminación, mucho más allá del nivel de salvación. Vendrá una claridad asombrosa para entender los misterios más profundos de Dios.

Después que la luz se establece y las tinieblas huyen a su lugar, el Señor separará las aguas de arriba y las aguas de abajo. Lo celestial será claramente distinguido de lo terrenal. Hoy en día y a lo largo de generaciones pasadas, a muchas cosas celestiales se les llamó terrenales, y aún diabólicas, una total locura. A muchas doctrinas terrenales y humanas se les llamó celestiales, y esto es la confusión de las aguas. Por eso tienen que ser separadas.

Esta es una de las características del mover apostólico, traer revelación y poder de Dios, a fin de que veamos con toda nitidez lo que viene de Dios y lo que viene de los hombres. Esta mezcla de las aguas, hace que los espíritus de religión le quiten el poder a la Iglesia, la tengan atada y sin libertad para experimentar la grandeza de las cosas celestiales. Cuando estas aguas están revueltas, el pueblo no tiene dirección, vive enmascarado, confuso, lleno de reglas y de teologías, pero negando la eficacia de una verdadera relación con Dios.

Dios está por traer una separación radical entre lo que proviene de El, y lo que es le resultado de una religión. El ha determinado crear una expansión entre los dos tipos de aguas, y serán muy visibles los que siguen unas y los que siguen las otras.

Luego dijo Dios, "reúnanse las aguas en un solo lugar para que se descubra lo seco". La posición de muchas cosas en la tierra y en la Iglesia están traslapadas, unas encima de otras, sofocándose entre sí, en total caos de prioridades, impidiendo que se produzca vida. Dios no podía crear nada hasta que la tierra quedara al descubierto y a los mares se les pusiera un límite. Cada cosa tiene que ocupar su lugar para que los planes creativos de Dios se manifiesten.

De la misma manera, cada miembro del cuerpo de creyentes tiene que encontrar su posición y su llamado, entonces las aguas se llenarán de vida, la tierra producirá fruto y los Cielos se llenarán de aves. Lo que quiere decir, que cada ministerio en su diversidad y en sus distintas funciones producirá aquello a lo que Dios lo envió.

El poder del "apostolos" (lo enviado del Cielo) desatará sobre cada uno de nosotros la activación de nuestro propósito en la tierra. Cuando un creyente se encuentra bajo una verdadera autoridad apostólica, inmediatamente empieza a enfilar hacia su llamado. Comienza a verse a sí mismo en forma diferente, y comienza a ver con claridad las cualidades con que Dios lo ha dotado, empieza a creer en sí mismo como un hijo de Dios y se desata su desarrollo. La falta de esta unción, produce gente "calienta bancas", por eso es importantísimo que esta revelación y este poder inunde la Iglesia de Cristo.

Primero tiene que venir la restauración. Poner en orden

todas las cosas, y luego viene la manifestación más extraordinaria del poder creativo de Dios. El poder apostólico es la facultad divina que trae las cosas de lo invisible a lo visible. La Biblia dice que todo fue hecho de lo que no se veía, no que no existiera. Existía, pero no en el plano material.

La creación consistió en trasponer las cosas de un ámbito al otro. Todo milagro, toda riqueza, toda maravilla de Dios ya fue creada en el mundo espiritual y necesita ser trasladada al plano visible. Al unir Dios en esta dispensación todas las cosas, las que están en los Cielos, así como las que están en la tierra, en Cristo Jesús, veremos una cantidad de prodigios y milagros sin precedentes. Y ésta es una característica del "apostolos" de Dios (Lo que es enviado de los Cielos a la tierra) manifestándose.

La parte final del Génesis de la creación, es que Dios hizo al hombre a Su imagen y a Su semejanza. La imagen de Dios es Cristo visible en el hombre. Es la habilidad de vivir en dos dimensiones a la vez, con todas las características sobrenaturales de Cristo.

Equivocadamente pensamos, que porque somos humanos, somos a imagen de Dios, o porque Dios sopló Su Espíritu en nosotros, ya somos instantáneamente a semejanza del Altísimo. Más adelante en este libro dedico varias páginas a explicar esto con detenimiento.

Pero lo que quiero enfatizar ahora, es que el mover apostólico levantará una generación a imagen de Dios, con todo el poder (literalmente) y las cualidades celestiales que operaron en Jesús, quien es el Segundo Adán. El que es la imagen del Dios invisible, el Primogénito de toda la creación.

La Biblia dice:

"Y los bendijo Dios y les dijo: fructificad y multiplicaos, llenad la tierra y sojuzgadla, ejerced potestad sobre los peces del mar, las aves de los Cielos y sobre todas las bestias que se mueven sobre la tierra".

Génesis 1:28

El hombre tras la caída, perdió definitivamente el gobierno de este planeta, pero Jesús vino a restaurar lo que se había perdido. Los hijos de Dios volverán a tener la autoridad y Cristo gobernará con Sus elegidos.

"Y que el Reino, el dominio y la majestad de los reinos debajo de todo el Cielo sean dados al pueblo de los santos del Altísimo, cuyo Reino es Reino eterno y todos los dominios le servirán y le obedecerán".

Daniel 7:27

Dios está revelando Su gobierno, organizando a Sus escogidos, para reinar con ellos sobre todas las cosas, para ver no solamente Iglesias llenas de Su gloria, sino la total transformación de ciudades y de naciones, a través de la luz de Su conocimiento.

10

La Iglesia Gobernante

"Y ella dio a luz un hijo varón, que regirá con vara de hierro a todas las naciones; y su hijo fue arrebatado para Dios y para Su Trono".

Apocalipsis 12:5

Como vimos en capítulos anteriores, Dios está llamando a la Iglesia a gobernar la tierra. El establecimiento del Reino de Dios implica un gobierno que desplaza a otro gobierno, esto es, el del diablo.

Mientras el Apóstol Juan recibe la revelación del Apocalipsis, ve una señal en los cielos.

"Apareció en el cielo una gran señal: una mujer vestida del sol, con la luna debajo de sus pies, y sobre su cabeza una corona de doce estrellas. Y estando encinta, clamaba con dolores de parto, en la angustia del alumbramiento. También apareció otra señal en el cielo: he aquí un gran dragón escarlata, que tenía siete cabezas y diez cuernos, y en sus cabezas siete diademas; y su cola arrastraba la tercera parte de las estrellas del cielo, y las arrojó sobre la tierra. Y el dragón se paró frente a la mujer que estaba para dar a luz, a fin de devorar a su hijo tan pronto como naciese. Y ella dio a luz un hijo varón, que regirá con vara de hierro a todas las naciones; y su hijo fue arrebatado para Dios y para Su Trono".

Apocalipsis 12:1-5

Al leer este pasaje, puedo ver la Iglesia del Siglo XXI. Una Iglesia donde la gloria de Jehová resplandece en ella. Una Iglesia de oración que gime y clama para dar a luz una generación que gobernará las naciones con vara de hierro. Una Iglesia que entiende que la intercesión se tiene que llegar hasta el fin. Que está dispuesta a llevar en ella los dolores y los padecimientos de Cristo, hasta que los hijos de Dios se manifiesten en forma resplandeciente. El Apóstol Pablo decía:

"Hijitos míos, por quienes vuelvo a sufrir dolores de parto, hasta que Cristo sea formado en vosotros..."   *Gálatas 4:19*

Es una Iglesia conquistadora, que entrará en la brecha y peleará batallas insólitas contra el diablo con tal de dar a luz, el verdadero Reino de Dios en la tierra. Ella tiene el corazón de Dios, ella quiere parir los planes y los diseños de Dios y no se conforma con menos.

Es una Iglesia de desvelos y ayunos, una verdadera madre que se ocupa en el hijo que ha de nacer. Es una Iglesia Apostólica y Profética, donde el corazón de los padres está con los hijos y el corazón de los hijos con los padres.

Lo que ella va a dar a luz, es lo que el diablo más aborrece. Este varón es quien someterá todo su imperio, porque está sentado en el Trono de Dios. ¿Quién es este hijo tan anhelado por la mujer? Es la Iglesia del Siglo XXI, los hijos del Reino, el pueblo fuerte que vio Joel, y que no ha habido ni habrá en ninguna otra generación.

Gente de fuego de Dios, que no puede ser derrotada, que si aún cayeren sobre la espada no les hará daño. La armada de Dios, que asuela y devasta los territorios del diablo. Delante de ella se yergue el Edén, donde los Cielos y la tierra son hechos uno. No hay quien escape de su mano, porque es gobernante y vencedora. Es el pueblo resplandeciente que vio Isaías, sobre el cual nace la gloria de Dios y los reyes andan al resplandor de su luz, cuyo fulgor atrae a todos hacia sí, porque Dios mismo es visto en ellos y las riquezas de las naciones son traídas a El. Jesús le habla a Juan de diversas maneras de ésta generación. Le dice: "Escribe al ángel de la Iglesia de Laodicea". Esta representa en los tiempos divinos la Iglesia actual. La Iglesia del Siglo XX entrando en el Siglo XXI.

Una Iglesia que siente que está en su mejor momento, que tiene predicadores estupendos, la teología alcanza alturas increíbles, la alabanza también. Se llenan los estadios, miles de personas se añaden a sus filas. Se siente satisfecha y dice: "no tengo necesidad de nada".

Desgraciadamente los Cielos no miran igual que la tierra. Y mientras aquí somos deslumbrados por aparatosos números de gente y la espectacularidad del hombre, desde arriba la perspectiva, el punto de vista, es otro muy diferente.

El Señor viendo desde las alturas le dice:
"Desde aquí, desde lo alto, te ves bastante desventurada, miserable, pobre, ciega y desnuda. Tu tibieza y tu apatía me producen nauseas. Por tanto, Yo te aconsejo que de mi compres oro refinado en fuego, para que seas rico, y vestiduras blancas para vestirte, y que no se descubra la vergüenza de tu desnudez; y unge tus ojos con colirio, para que veas.
Yo reprendo y castigo a todos los que amo; sé, pues, celoso, y arrepiéntete. He aquí, Yo estoy a la puerta y llamo; si alguno oye mi voz, y abre la puerta, entraré a él, y cenaré con él y él conmigo. Al que venciere, le daré que se SIENTE CONMIGO EN MI TRONO, así como Yo he vencido y me he sentado con mi Padre en Su Trono".

Apocalipsis 3:17-21 (paráfrasis)

Aquí Dios está haciendo un fuerte llamado, a una reforma integral. El rumbo se ha perdido por completo y la Iglesia se encuentra en una situación espiritual deplorable. Su tibieza, su apatía y su falta de integridad para caminar en la verdad, hacen que el Señor quiera vomitarla de Su boca. Sin embargo, es de en medio de esta Iglesia desviada y pobre a Sus ojos, que Dios está llamando a ese hijo varón que gobernará con El. Ese remanente de siete mil (en número figurativo) que vio el Profeta Elías, que no han doblado sus rodillas a los rudimentos de este mundo.

Vemos éste glorioso toque de trompeta en la parte final del pasaje, donde Jesús toca a la puerta de nuestras vidas. Este versículo que usamos para llevar el Evangelio a los perdidos, no tiene nada que ver con los inconversos, sino con la Iglesia en su estado actual.

Note como de la Iglesia postrera, surgen los vencedores que se sientan con El en el Trono. *"El hijo varón fue arrebatado con Dios para Su Trono"*.

Aquí vemos la manifestación plena del Reino, sobre esta generación naciente. Todo empieza con un arrepentimiento sincero de todas las áreas de nuestra indiferencia con Jesús. Esta cena, es una comida de pacto, un encuentro de amor, una cita de esposos, de amigos íntimos. Luego El te toma de la mano y genuinamente te hace entrar en los lugares celestiales que existen en las dimensiones de Su Reino.

Lugares, donde se puede entrar, donde Dios, literalmente está arrebatando a Su esposa al tercer Cielo como lo vimos anteriormente, para que veamos, entendamos y disfrutemos de Su Reino. Esta es la vida en el Reino. Esta es la herencia para los que aman a Jesús. Hoy por hoy, yo ya perdí la cuenta de cuantas veces he sido llevada a lugares extraordinarios en las dimensiones celestiales.   Una cosa es decir, estamos sentados en lugares celestiales con Cristo, y otra, cuando categóricamente eres trasladado ahí. Cuando El empieza a resplandecer sobre ti, y sientes Su mano sobre la tuya subiéndote a lo alto y sentándote con El en Su Trono.

Una cosa es pelear batallas desde abajo, proclamando todos los versículos que te sabes, y otra, pelear desde el Trono de Dios. Es a esto, a lo que le tiene miedo el diablo. A que hombres y mujeres se sienten con Él, en el asiento de Su gobierno. Estos son los que vencerán sobre todas las fuerzas del mal y gobernarán con Cristo ahora y en Su reinado eterno.

Desde el momento que este hijo varón es levantado para Dios, para gobernar desde lo alto, se desata una batalla en los Cielos, en la que Miguel se levanta a luchar. (Apocalipsis 12)

Este hijo, esta Iglesia gloriosa, empieza ya a ver desde la perspectiva de Dios. Comienza a tener un entendimiento de Reino en una forma precisa, ya que puede ver a cara descubierta las dimensiones celestiales. Está posicionado en el lugar de autoridad, donde no puede ser vencido. Esta es la misma batalla que Daniel vio, la cual desata los tiempos de gran angustia que vivirá la tierra, donde los entendidos resplandecerán como estrellas a perpetua eternidad, cuyos tiempos serán de gran cosecha. (Daniel 12)

Y en Apocalipsis dice:
"Después hubo una gran batalla en el Cielo: Miguel y sus ángeles luchaban contra el dragón; y luchaban el dragón y sus ángeles; pero no prevalecieron, ni se halló ya lugar para ellos en el Cielo. Y fue lanzado fuera el gran dragón, la serpiente antigua, que se llama

diablo y Satanás, el cual engaña al mundo entero; fue arrojado a la tierra, y sus ángeles fueron arrojados con él. Entonces oí una gran voz en el Cielo, que decía: Ahora ha venido la salvación, el poder, y el Reino de nuestro Dios, y la autoridad de su Cristo; porque ha sido lanzado fuera el acusador de nuestros hermanos, el que los acusaba delante de nuestro Dios día y noche".

Apocalipsis 12:7-10

Aunque la batalla se lleva a cabo en los Cielos, son los santos en la tierra, "el hijo varón", los que determinan y logran la victoria, ya que dice:

"Y ellos le han vencido por medio de la Sangre del Cordero y de la palabra del testimonio de ellos, y menospreciaron sus vidas hasta la muerte".   *Apocalipsis 12:11*

Note que cuando la Iglesia gloriosa, "el hijo varón" toma su posición en los lugares celestiales, sentándose en el Trono, es cuando en la tierra se empieza a ver la salvación, el verdadero poder y autoridad, y es cuando el Reino de Dios se manifiesta en la tierra.

Esta generación del "hijo varón", vence con el poder de la Sangre. Esto es con un conocimiento profundo del sacrificio de Cristo. Ella ha bebido de la Sangre del Cordero. Lo que quiere decir, que se ha fundido con la vida y con la luz que proceden de la Sangre. Ha bebido de todo el amor de entrega total contenido en la Sangre, y por esta causa, ama en una forma que no puede ser vencida. Ama a su prójimo hasta la misma muerte. Este es el poder más grande del universo, y es el poder que deshace al diablo: el amor.

Lo vence con la palabra de su testimonio. Aquí no se

refiere al testimonio de salvación, sino a una vida que literalmente testifica al Reino de Dios. Testigos son los que traen la evidencia de lo que han visto y oído de la gloria de Dios, cuyas obras y presencia de Dios en sus vidas, dan testimonio de que están y viven en Cristo y por Cristo, y el Espíritu se mueve con poder en sus vidas.

¿QUIENES SON "EL HIJO VARÓN"?

Ahora bien, ¿cómo llama Dios y escoge esta generación? Vimos que El está tocando la puerta del corazón de una Iglesia apática e indolente, que es la Iglesia actual y Su instrucción está en Apocalipsis 3:18.

1. COMPRA DE MI ORO REFINADO EN FUEGO

El dice, "compra de mí oro refinado en fuego". Al decir "compra", implica un precio que hay que pagar. Si bien, la salvación es gratuita por medio de la fe, no lo es así el posicionarse en lugares de gobierno con Cristo. El Apóstol Pablo escribió:

"Si sufrimos, también reinaremos con El..."
2 Timoteo 2:12

El oro se refiere a la sabiduría celestial, al entendimiento del Reino, a entrar a niveles de fuego que queman los velos que embotan nuestro entendimiento, y que no nos permiten verlo a cara descubierta. El oro que se refina en el fuego, es el que pasa largo tiempo inmerso en el calor intenso que quema la escoria.

Una cosa es encontrarse con el fuego de un llamado ministerial, con la zarza ardiente de la presencia de Dios, que te saca de las prioridades del mundo y te sumerge en la obra de

Dios; y otra, subir al monte que arde en fuego. El primer fuego deslumbra, atrae, te hace caer postrado y sacarte los zapatos ante Su santidad. El segundo tiene el precio de subir al monte escarpado que humea, truena y relampaguea. Este es el monte, donde el que llega a su cima se encuentra con los diseños, para hacer descender la gloria de Dios en medio del pueblo.

Este es el monte donde se siente la oscuridad y la tempestad, donde se deja de oír la voz de los hombres para solo oír la de Dios. A este fuego se tiene que subir solo, para llegar tienes que cruzar la densa nube y sentir como todo tiembla debajo de tus pies.

Es cuando entras a las dimensiones de Dios, que todo lo terrenal se sacude y se resquebraja, para hacerte entender que no hay nada estable y eterno en la tierra. Pero cuando llegas arriba, cuando pagas el precio de encontrarte con la sabiduría de lo alto, entonces, lo ves a cara descubierta. Su rostro resplandece sobre el tuyo. Nunca más puedes volver al mundo, ni apreciar las cosas perecederas por la que los ciegos se debaten en su codicia. Es allí donde lo oyes decir:

"Yo amo a los que me aman, y me hallan los que temprano me buscan. Las riquezas y la honra están conmigo; riquezas duraderas, y justicia. Mejor es mi fruto que el oro, y que el oro refinado; y mi rédito mejor que la plata escogida. Por vereda de justicia guiaré, por en medio de sendas de juicio, para hacer que los que me aman tengan su heredad, y que Yo llene sus tesoros".

Proverbios 8:17-21

2. COMPRA DE MI VESTIDURAS BLANCAS

Ya que estamos hablando de un llamado glorioso a

sentarse en el Trono de Dios, estas vestiduras, de las que habla aquí, creo que son algo mucho más poderoso que las vestiduras de salvación. Vimos que la Iglesia, la mujer que da a luz al hijo varón, clama con dolores de parto, en la angustia de su alumbramiento.

El Apóstol Pablo habla también de estas vestiduras, que no se adquieren simplemente con pedir perdón por nuestros pecados, sino que implican todo un proceso de dar a luz. El escribe:

"Porque sabemos que si nuestra morada terrestre, este tabernáculo, se deshiciere, tenemos de Dios un edificio, una casa no hecha de manos, eterna, en los Cielos. Y por esto también gemimos, deseando ser revestidos de aquella nuestra habitación celestial; pues así seremos hallados vestidos, y no desnudos. Porque asimismo los que estamos en este tabernáculo gemimos con angustia; porque no quisiéramos ser desnudados, sino revestidos, para que lo mortal sea absorbido por la vida".

2 Corintios 5:1-4

Aparentemente pareciera que está hablando de que cuando nos muramos, tendremos un cuerpo espiritual, pero yo no veo para nada que éste sea el significado de esta palabra, ya que no tenemos que gemir para tener un cuerpo espiritual eterno, ya lo tenemos. Para mi, aquí está hablando de algo increíblemente profundo y digno de considerar. Estas son unas vestiduras, por las que el mismo Pablo tiene que gemir con angustia para que sean formadas.

Son una habitación celestial, que es confeccionada en y sobre nosotros, que produce que todo lo mortal sea absorbido por la vida. Es la presencia misma de Dios que viste a los hijos del Reino. Es esta morada celestial la que le dio a Pedro la habilidad de caminar sobre las aguas, atravesar las paredes de la cárcel con el ángel, y que su sombra sanara a los enfermos.

Es lo celestial unido a lo terrenal. Son las vestiduras que tenía Adán en el paraíso, las que le permitían saber que estaba vestido frente a Dios. Es la imagen de Dios vuelta a formar en nosotros. Es esta unción de los Cielos y la tierra. El cuerpo terrenal unido a la habitación celestial, la que nos da acceso a ver, experimentar y movernos en las dos dimensiones: la del Reino invisible, y desde luego, la del mundo natural.

El Apóstol Pablo tenía experiencias en las que decía: "no sé, si en el cuerpo o fuera del cuerpo fui arrebatado al paraíso", (paráfrasis). Pablo entiende algo que lo tiene que procurar gimiendo con angustia.

Cuando Jesús habla de esta morada celestial en el ser humano, también implica un proceso de búsqueda y de amor profundo hacia Dios.

"En aquel día vosotros conoceréis que Yo estoy en mi Padre, y vosotros en mí, y Yo en vosotros. El que tiene mis mandamientos, y los guarda, ése es el que me ama; y el que me ama, será amado por mi Padre, y Yo le amaré, y me manifestaré a él. Le dijo Judas (no el Iscariote): Señor, ¿cómo es que TE MANIFESTARÁS A NOSOTROS, y no al mundo? Respondió Jesús y le dijo: El que me ama, mi Palabra guardará; y mi Padre le amará, y vendremos a él, Y HAREMOS MORADA CON ÉL".   Juan 14:20-23

Notemos que aquí Jesús habla de una manifestación que no es en forma genérica al mundo, sino a los que le aman. Aquí no se está refiriendo a alguien que hizo la oración del pecador para recibir a Cristo como su salvador, sino a los que convertidos de corazón, fueron obedientes a la Palabra porque amaban a Jesús.

Lo que Pablo oraba con gemidos de angustia, es que ésta manifestación viniera sobre los que amaban a Jesús, para que fuesen revestidos de la morada de Dios en los hombres. Esta habitación celestial se va formando en nosotros, en la medida que miramos la gloria de Dios a cara descubierta. Esta es la provisión divina para irnos transformando en Su imagen.

En el Reino de Dios, una vez que se entra, se empieza a crecer en él. Jesús decía que el Reino es como un grano de mostaza que un hombre tomó y sembró en el huerto; y creció, y se hizo árbol grande, y las aves de los Cielos anidaron en sus ramas.

3. Unge tus Ojos con Colirio para que Veas

Este colirio son las aguas de vida, que vienen de la comunión íntima con el Espíritu y lavan los ojos de nuestro corazón. Esto quiere decir que van a cambiar nuestra manera de ver las cosas.

Saulo de Tarso era un hombre con un profundo celo divino y un amor a Dios, que estaba dispuesto a todo por El. Sin embargo, su visión estaba torcida. Los ojos de su entendimiento estaban cegados para comprender los designios de Dios. No podía percibir la voluntad de Dios, ni conocerla, porque los ojos de su corazón veían en forma equivocada.

Cuando se encontró con la gloria de Dios en el camino a Damasco, y Jesús apareció a él con una luz resplandeciente, sus ojos naturales fueron afectados y ya no podía ver. Dios quería darle unos ojos nuevos, una nueva forma de ver las cosas. Quería que sus ojos fuesen cegados a la forma de ver humana y natural, para que pudiera ver con los ojos de Dios. Jesús dijo:

"Nadie pone en oculto la luz encendida, ni debajo del almud, sino en el candelero, para que los que entran vean la luz. La lámpara del cuerpo es el ojo; cuando tu ojo es bueno, también todo tu cuerpo está lleno de luz; pero cuando tu ojo es maligno, también tu cuerpo está en tinieblas. Mira pues, no suceda que la luz que en ti hay, sea tinieblas. Así que, si todo tu cuerpo está lleno de luz, no teniendo parte alguna de tinieblas, será todo luminoso, como cuando una lámpara te alumbra con su resplandor".

Lucas 11:33-36

Aquí Jesús no se refiere a las cosas externas que ven nuestros ojos, sino a lo que hay dentro de nosotros que nos hace percibir las cosas de una manera u otra.

En el mundo espiritual, existe una luz que es tinieblas. Es la luz que procede de la muerte y distorsiona todas las cosas. Es el resplandor tenebroso el que ciega el entendimiento para que no veamos como Dios ve. Job describe esta luz diciendo:

"Antes que vaya para no volver, a la tierra de tinieblas y de sombra de muerte; tierra de oscuridad, lóbrega, como sombra de muerte y sin orden, y cuya luz es como densas tinieblas". *Job 10:21-22*

Esta es la luz que alumbra el alma carnal. La carne es muerte y es tinieblas. Estas densas tinieblas se van acumulando en el interior del alma y embotan el entendimiento para que no pueda resplandecer la luz de la gloria de Cristo. En definitiva, ciegan los ojos del espíritu y no podemos ver a Dios.

Jesús dijo: *"Bienaventurados los puros de corazón, porque ellos verán a Dios"*. Depende entonces, de la pureza del corazón, la forma en que nuestros ojos verán. El corazón puro y el ojo benigno, es el que ve como Dios ve. Son ojos de amor, son ojos redentores, ojos que ven conforme a la verdad y a la justicia. Los ojos de Dios no miran las cosas externas, sino lo que hay detrás. No ponen la mirada en la apariencia de los seres humanos, ni en la forma externa de sus obras, sino en la esencia, en el corazón del hombre, en sus motivaciones, más que en sus acciones.

El hombre ve de forma estructurada, conforme a lo que ha aprendido de la vida, de los golpes que se ha llevado. De acuerdo a su formación educacional y doctrinal, ve de una manera o de otra. Entre más estrecho sea su pensamiento, más cuadrado e inflexible será su forma de ver y de percibir. Entre menos haya sido expuesto a amar y a recibir amor, será mas rígido e intolerante.

Dios ve en diferentes niveles y facetas, y su pensamiento es amplio y lleno de posibilidades, como la defractación de la luz, porque así son el amor y la misericordia.

Por ejemplo, cuando Saulo perseguía a la Iglesia, todos los hermanos lo tenían como el peor de los hombres, pero Dios lo veía de diferentes ángulos porque lo amaba.

1. Por un lado, reprochó sus crímenes y su persecución a los creyentes.
2. Por otro lado, estaba maravillado y conmovido por su celo y por su fe.
3. Amaba en Saulo, su denuedo y su diligencia por aprender, y su devoción por guardar la ley.

Mientras todas las Iglesias lo abominaban, Dios sabía que

todo ese horror de hombre, solo necesitaba un toque en sus ojos que cambiara el rumbo de sus pasos. Por eso Jesús dijo: *"Pero muchos primeros serán postreros, y postreros, primeros".*

Mateo 19:30

Porque Dios no ve como los hombres ven, ni se deslumbra con lo que los hombres se deslumbran, ni juzga con corazón humano, sino con juicio justo.

Los libros en los Cielos se están escribiendo muy distinto a los reportes mensuales de las Iglesias. Un reporte puede salir en las revistas populares cristianas, hablando de la gloria que cayó cuando el reverendo "X" predicaba, y en los cielos se puede haber escrito algo así: "Tus ángeles hicimos descender tu gloria, OH, Padre, cuando fuimos tocados por el corazón ferviente de tus intercesores que clamaban por ti en la Iglesia". Y un ángel le pregunta al otro "¡Oye! ¿Quién predicaba?" "No sé, estaba cubierto de tinieblas, no lo pude ver".

Quizás por fuera, seamos gente de éxito o nos sintamos que somos grandes ministerios, porque somos populares y porque la gente nos admira, pero Dios quiere enseñarnos a ver como El ve. Que veamos y caminemos en la verdad, como El la concibe a la luz de Sus ojos.

Un ejemplo de esto es una experiencia que me sucedió hace algún tiempo. Me encontraba en la ciudad de Nuevo Laredo, en México y estábamos en medio de una presencia extraordinaria, en el congreso donde predicaba con otros siervos. Cuando descendió el Ángel del Señor y me tocó en la frente, en ese momento, caí al suelo y mi espíritu fue arrebatado al Cielo. Desde arriba, el Señor me mostró como se vía el servicio desde Su perspectiva.

Yo miraba hacia abajo y todo se veía en función de luz y sombras. Se veía con claridad a la gente y el predicador, pero las palabras, los pensamientos y lo que ocurría se manifestaba en luz de diversos colores y en sombras oscuras.

Richard Hays, quien predicaba, estaba levantando la ofrenda. Yo no oía las palabras, pero vía la luz que salía de su boca, era muy hermosa. De pronto, entró una sombra de color rojo oscuro, era un demonio de avaricia y temor financiero. La luz que empezaba a tocar las cabezas de la gente se hizo sombría en muchos de ellos. El Pastor Hays siguió hablando y la luz que salía de él desmenuzó a aquel espíritu.

Yo observaba muy atenta. Algo dijo entonces Richard, no sé qué, porque yo solo veía luces, no oía palabras y toda la gente levantó las manos con sus ofrendas empuñadas en ellas. Fue entonces que vi algo que me dejó atónita. De unas pocas manos, muy pocas, salieron rayos de luz que llegaron hasta donde yo estaba con el Señor, pero de todas las demás, las ofrendas se convirtieron en un humo negro que se desvanecía entre los dedos de la gente.

Quizás en la tierra la gente pensaba que estaba ofrendando la gran cosa, pero en los Cielos, la ofrenda dada con ambición personal o con un corazón incorrecto, ni siquiera pasó del techo.

Tenemos que sincerarnos con nosotros mismos y ver más allá de la forma externa de las cosas, y aprender a ver como Dios ve. Dice la Palabra:

"Todas las cosas son puras para los puros, mas para los corrompidos e incrédulos nada les es puro; pues hasta su mente y su conciencia están corrompidas".   *Tito 1:15*

La incredulidad que conduce a una mente que no puede percibir ni entrar en las esferas espirituales, proviene de la corrupción en el área del alma y también del espíritu. La corrupción, es producto de un daño, una herida en el corazón que no sanó, sino que se hizo una llaga podrida. Esto cauteriza el corazón y lo cierra, lo hace insensible en ciertas o en todas las áreas del espíritu. El corazón es un vínculo entre el espíritu y la consciente del hombre. Los terrenos de la carnalidad, como vimos líneas atrás, están en tinieblas y en desorden. Por eso, un corazón carnal, no puede canalizar la luz pura que viene del Espíritu, porque todos sus circuitos, por decirlo de alguna manera, están en desorden y atrofiados.

"Pero el hombre natural no percibe las cosas que son del Espíritu de Dios, porque para él son locura, y no las puede entender, porque se han de discernir espiritualmente".
1 Corintios 2:14
Y también añade:
"Antes bien, como está escrito: cosas que ojo no vio, ni oído oyó, ni han subido en corazón de hombre, son las que Dios ha preparado para los que le aman. Pero Dios nos las reveló a nosotros por el Espíritu; porque el Espíritu todo lo escudriña, aun lo profundo de Dios..."
1 Corintios 2:9-10

Hay gente hoy en día, que todo lo que escucha de Dios le quiere encontrar una lógica humana. Y si su intelecto no lo puede procesar, porque le parece locura, entonces lo refuta como algo que no viene de Dios.

Dios está revelando cosas nuevas, que suenan extrañas, porque nunca ojo las vio, ni oído las oyó, ni han subido a corazón de hombre. Pero vienen de lo profundo de Dios. Esta corrupción interna, que desgraciadamente esta todavía en todos nosotros, es la verdadera prisión interior de la que Dios nos quiere liberar. Es lo que nos mantiene cautivos en pensamientos limitados, en falta de fe. Es lo que nos hace buscar soluciones naturales a nuestros problemas, cuando tenemos un Reino en medio nuestro, donde todo es posible. Es lo que necesita ser consumido por el fuego del Su Espíritu. Es lo que necesita ser renovado por el agua de vida, el colirio de Dios para volvernos dóciles y puros de corazón.

Los niños nacen y su espíritu recién salido de Dios, busca amor por todas partes. Lo único que sabe un bebé, es que salió del seno del amor, y es lo único que lo satisface. Luego, poco a poco, el mundo, el dolor, el rechazo que todos vivimos, va poniendo muros de protección alrededor de su corazón. Para algunos, es tanto el sufrimiento por fuertes golpes que padecieron en la vida, que inconscientemente se encierran en sí mismos. Deciden en su corazón, nunca volver a sentir el dolor de no encontrar amor, o de ser rechazados por aquellos a quienes decidieron amar.

El corazón se va reduciendo y se va haciendo de piedra, se va llenando de muros, edificados por decisiones de autoprotección, por miedo, por profundo temor. El temor es el enemigo número uno del amor y es el que lo desplaza para tomar su lugar. Esta es la corrupción del alma. Esto es lo que tiene aprisionada el alma de millones de personas que no pueden entrar al Reino sobrenatural de Dios.

Es necesario llenarse de valor y volver a abrir el corazón y va a doler. Sí, duele mucho dar este paso, porque hay que meter cincel en la roca y raspar para sanar las podridas llagas del corazón. Y luego, entonces dejar que Dios lo renueve como el de un niño.

Amar a los demás es un bálsamo que sana el corazón y te

va volviendo como un pequeñito que puede creer todas las cosas. Porque el amor todo lo cree. Sin la pureza, sin éste volver a la inocencia primera, en todo lo que creíamos, no podemos entrar en el Reino de Dios, ni ver al Señor.

"De cierto os digo, que si no os volvéis y os hacéis como niños, no entraréis en el Reino de los Celos".   Mateo 18:3

Y también dijo:
"En aquel tiempo, respondiendo Jesús, dijo: Te alabo, Padre, Señor del Celo y de la tierra, porque escondiste estas cosas de los sabios y de los entendidos, y las revelaste a los niños".
                                                                        Mateo 11:25

La generación de luz, el hijo varón, la Iglesia gobernante, la que se sienta con Jesús en Su Trono, es una Iglesia pura de corazón.

Desde que yo entendí esto, es con denuedo que busco en mi mente y en mi corazón las áreas de corrupción, las áreas donde la incredulidad todavía me detiene a dar ciertos pasos en el Reino de Dios.

Lo que Dios tiene para nosotros en Su Reino, es tan grande. El dijo que mayores cosas haríamos nosotros, porque El iba al Padre. Este es el tiempo que todas las generaciones anhelaron vivir, pero que Dios nos lo está concediendo a nosotros.

11

LA RESTAURACIÓN DEL TEMPLO

1. EL TEMPLO DE DIOS EN EL CREYENTE V/S EL TEMPLO EN LOS CUATRO MUROS

E l diseño de Dios para nuestras vidas, es que seamos verdaderamente el Templo de Dios en la tierra, el lugar de Su morada. El no quiere que tengamos tan solo un toque divino, ni tampoco una visitación; El quiere tener Su lugar de permanencia en la vida del cada creyente.

El Apóstol Juan se encuentra en medio de la revelación del Apocalipsis, cuando recibe una vara de medir.

"Entonces me fue dada una caña semejante a una vara de medir, y se me dijo: Levántate, y mide el Templo de Dios, y el altar, y a los que adoran en él".   *Apocalipsis 11:1*

Dios quiere que entendamos algo primordial aquí. Medir tiene que ver con estatura, con niveles diversos, con diferentes grados de revelación. Tiene que ver con delimitar lo que es sagrado para El, y lo que no puede ser tocado por el Evangelio.

A Ezequiel también le muestra algo semejante. Dios anhela revelarnos Sus estructuras más sagradas y desea que nos conformemos a ellas, para que El pueda hacer Su morada permanente en el templo de nuestro espíritu.

"Tú, hijo de hombre, muestra a la casa de Israel esta casa, y avergüéncense de sus pecados; y midan el diseño de ella. Y si se avergonzaren de todo lo que han hecho, HAZLES ENTENDER EL DISEÑO DE LA CASA, su disposición, sus salidas y sus entradas, y todas sus formas, y todas sus descripciones, y todas sus configuraciones, y todas sus leyes; y descríbelo delante de sus ojos, para que guarden toda su forma y todas sus reglas, y las pongan por obra.
Esta es la ley de la casa: Sobre la cumbre del monte, el recinto entero, todo en derredor, será santísimo. He aquí que esta es la ley de la casa".   *Ezequiel 43:10-12*

Cuando la Escritura nos habla de la morada de Dios en el hombre, lo hace en un contexto exclusivo, a los que lo aman y guardan Sus mandamientos, y no a todo el que le llama ¡Señor, Señor!

El hecho de recibir a Jesús como Señor y Salvador, nos establece en un pacto de salvación, y nos da una medida del don de Dios. El hecho que El haga Su morada en alguien es algo más profundo. El dijo:

"En aquel día vosotros conoceréis que Yo estoy en mi Padre, y vosotros en mí, y Yo en vosotros.
El que tiene mis mandamientos, y los guarda, ése es el que me ama; y el que me ama, será amado por mi Padre, y Yo le amaré, y me manifestaré a él.
Le dijo Judas (no el Iscariote): Señor, ¿cómo es que te manifestarás a nosotros, y no al mundo?
Respondió Jesús y le dijo: El que me ama, mi Palabra guardará; y

mi Padre le amará, y vendremos a él, y haremos morada con él".

Juan 14:20-23

Fíjese que la morada no se establece, sino hasta que es probado el amor y la obediencia a la Palabra. El vendrá a morar, donde encuentre un Templo Santo, conforme a los diseños de Su Casa.

El ángel le ha dicho a Juan que mida tres cosas. El templo, el altar y los que adoran en él. Estos son los tres ingredientes que Dios necesita encontrar en nosotros, para venir a morar ahí. El principio de que el Templo de Dios tiene que ser edificado en nosotros, es importantísimo. Ya que Dios no establecerá Su morada, si no hay templo, o si solo hay ruinas.

Cuando Dios le habló a Moisés, que El quería hacer Su morada en medio de Su pueblo, primero le reveló como era el templo. Luego ordenó que santificara el Tabernáculo y luego descendió en Su gloria para habitarlo.

El Señor le habla a Hageo a este respecto, y en nuestro tiempo se interpreta en sentido espiritual hacia la Iglesia, que es la de Israel del Espíritu.

Y le dice:
"¿Es acaso para vosotros tiempo de habitar en vuestras casas artesonadas, mientras esta casa está en ruinas?"

Hageo 1:4

Ahora, no pensemos, como lo hemos hecho durante tanto tiempo, en que vemos el edificio de la Iglesia como el Templo de Dios. Esto es una abominación, ya que Dios no habita en templos hechos por manos; ni tampoco se refiere a nuestras casas físicas.

Lo que el Señor quiere decirnos, es que nuestras casas están artesonadas de toda bendición que El ha enviado sobre nosotros, sus dones, las riquezas de sabiduría, nuestra prosperidad, salud y tanta dádiva que hemos recibido de El. Pero Su casa, esa que está en el monte santo en los lugares celestiales.

Es esa donde solo se puede llegar en verdadera adoración, con hambre y sed de encontrarse con El; esa está en ruinas. Esa se Edifica adorándole en Espíritu y en verdad. Desgraciadamente, tenemos tan poco entendimiento de lo que es realmente adorar.

La Iglesia ha tratado de cantar hermosamente, queriendo ministrarle a El, pero si analizamos lo que llamamos adoración, en su mayoría, son cantos suaves y bellos cuyo objetivo no es rendirle adoración a Dios por Su grandeza; sino que nos toque, que nos llene, que nos cambie el corazón, que nos sumerja en Su río, que nos refresque, etc... que nos haga sentir bien a nosotros.

Sutilmente nuestra alma era agradada, mientras cambiábamos la adoración verdadera, por cantos peticiónales centrados en nosotros mismos. En un servicio quizá se canten seis o siete cantos dirigidos a nosotros por uno de verdadera adoración a El.

Algo anda mal, ¿no lo cree? La adoración y el motivo por el que nos reunimos, tiene que ser El. Cuando le cantamos a El, nuestro espíritu es levantado con El. Cuando cantamos orientados hacia nosotros mismos, el alma es la que es levantada. Eso es sumamente sutil, porque aparentemente, todo se siente muy espiritual, pero el fruto va a ser anímico, emocional y carnal.

El va a atraer a Si Mismo, millares de personas en el lugar donde El esté siendo levantado. Un nuevo mover de adoración esta surgiendo sobre la tierra, dirigido a glorificar la grandeza y la majestad de Dios. Los cantos de esta nueva generación exaltarán todos los atributos de Dios y esto hará descender Su unción, Su presencia y Su manifestación en una forma maravillosa. El espíritu de los creyentes será despertado y levantado a nuevos niveles de experiencia con Dios y de poder.

Cuando adoramos en Espíritu y en verdad, penetramos los ámbitos de Su gloria, los Cielos se abren y podemos mirar a cara descubierta; entonces somos transformados a Su imagen. Adorar no es cantar, es literalmente convertirse en el altar de donde surge el río de Dios. No es algo que se pueda hacer, es algo en lo que te tienes que transformar.

Un ángel llevó al Profeta Ezequiel a experimentar los niveles de este río. Lo metió primero hasta los tobillos, luego hasta las rodillas. Después, hasta la cintura, hasta que el río se hizo tan grande, que solo se podía cruzar a nado.

Cuando el agua está hasta las rodillas, todavía la carne controla y decide, pero cuando el río crece, te lleva a donde él quiere llevarte. Ya no son cantos escritos por un compositor (hasta las rodillas), es el fluir de los mismos Cielos cantando a través de tus labios. Es un torrente que hace crecer árboles robustos a tu diestra y a tu siniestra; es un fluir tan poderoso que inunda el ámbito espiritual y toca ciudades y hasta naciones.

¡OH! Cuánto está buscando adoradores que le adoren así. Los que son Templo, han entendido que adorar, no es un momento en el servicio del domingo, sino una forma de vida, una comunión intima, un fundirse con Dios y Dios con ellos. Adorar es convertirse uno con El. Es la comunión íntima, que va callando el alma, hasta que sólo se escucha el espíritu.

Es aquí donde se produce la verdadera unión entre los Cielos y la tierra. Los dos ámbitos se empiezan a conjugar y es entonces, que Cristo es revelado. Adorar abre las dimensiones proféticas para verlo a cara descubierta, para ver Su gloria, para ver las más maravillosas manifestaciones angélicas, y que a Cielo descubierto podamos tener extraordinarias experiencias espirituales.

Dios no está buscando cantantes de domingo que hablen lenguas, sino gente unida en íntima comunión con El. Gente que sea el templo y la misma canción de Dios. Instrumentos de Dios en las manos del Espíritu que El pueda tocar.

¡OH, que experiencia tan maravillosa, saber que fuimos creados para alabanza de Su gloria! En cada uno de nosotros hay establecido un sinnúmero de instrumentos, que El puede tocar como se El quiera.

Cuando lo hace, música celestial sale de nuestra boca, no es necesario saber cantar, ni tomar clases en el conservatorio, cuando te vuelves Su instrumento, los Cielos mismos se manifiestan. Si sabes cantar, cuanto mejor, pero si no, Dios se perfecciona en lo débil de este mundo.

UNA EXPERIENCIA TRANSFORMADORA

Una gran verdad sobre esto, es que somos transformados en aquello que adoramos. En el Salmo 115, Dios recrimina la adoración a los ídolos.

"Tienen boca, mas no hablan; tienen ojos, mas no ven; orejas tienen, mas no oyen; tienen narices, mas no huelen; manos tienen, mas no palpan; tienen pies, mas no andan; no hablan

con su garganta. Semejantes a ellos son los que los hacen, y cualquiera que confía en ellos".   *Salmos 115:5-8*

Recuerdo una vez que clamaba a Dios porque me diera Su poder creativo. Estaba convencida, que era Su voluntad, enseñarnos a hacer descender las cosas de lo invisible a lo visible. Me fui sola a un retiro a las montañas en Costa Rica y Dios me dijo: ¡Adórame como Creador! Primero, me enfrentó a lo torcido de mi visión en cuanto a algunas criaturas de Su creación.

En aquel entonces, le tenia terror a las mariposas nocturnas, gordas, negras y peludas. Y sucedió, que estaba yo cenando y al lado de la mesa, había un enorme ventanal. Mientras comía, llegó una mariposa negra y se posó por fuera del vidrio, a la altura de mis ojos.

Me quedé viendo con un asco terrible y dije para mis adentros "Que fea eres, no puedes ser más horrenda". En ese momento, oí la voz, casi audible de Dios, que me decía: "¡Todo lo que Yo he creado, es bueno, es sabio y es bello, Yo lo amo! ¿Quién eres tú, para decir que lo que Yo he hecho es feo? ¿Acaso haces tú mejor las cosas que Yo?

¿No puse Yo sabiduría en las alas de las mariposas, para que se confundieran con los troncos de los árboles y así, se defendiesen de sus depredadores? ¿No es sabio que haya Yo puesto grasa en sus cuerpos, para que tuviesen energía para volar de noche? ¿No es sabio y perfecto todo lo que Yo hice? Yo hice la noche y sus habitantes y los llamé buenos y son hermosos para mí.

Todo lo que Yo cree, es bueno, y Yo soy Señor del día y Señor de la noche. Tienes repulsión, porque los hombres han cubierto de maldición mis animales de la noche, mis animales de las cuevas y mis aves de rapiña.

Yo los hice con mi sabiduría y ellos gimen por ver la manifestación de mis hijos, que los liberen con mi poder".

Sentí el dolor del Padre. Por años lo había humillado como Creador y ahora buscaba Su poder creativo. Por mucho rato lloré por mi arrogancia y estupidez y le pedí perdón, y empecé a adorarlo como sabio y perfecto creador.

Al regresar a San José, capital de Costa Rica, tenía que predicar una conferencia con mi Pastor Rony Chaves. Le pedí a Dios que manifestara Su poder creativo en ese congreso. Mientras adorábamos en una de las sesiones destinadas solo para mujeres, vi en los Cielos dos gruesos pedruscos de oro y diamantes que flotaban sobre nosotras.

El Señor me dijo: "Profetiza que vienen de lo espiritual a lo natural"; y así lo hice. Súbitamente, empezaron a correr a la plataforma varias mujeres con diamantes en sus manos que se habían formado sobrenaturalmente frente a ellas. ¡Estábamos gozosos! A una mujer, cada vez que cerraba la mano y la volvía a abrir, se le formaba un nuevo diamante.

Esa noche, fue también increíble como durante todo el servicio, la gente venia y ponía joyas de oro en mis manos como una ofrenda. Era tanto el oro que pusieron en mis manos, que alcanzó para compartirlo con los demás predicadores ¡Aleluya!

Adorar en espíritu y en verdad trae las manifestaciones de Dios. Esta es la parte más importante de un servicio y la que la gran mayoría de Iglesias y convenciones eliminan. Es en estos momentos, cuando El habla, cuando transforma los corazones, cuando vienen las experiencias y las sanidades.

El está buscando verdaderos adoradores que le adoren en espíritu y en verdad, y esto va a hacer la gran diferencia.

2. LA RESTAURACIÓN DE LA OFRENDA "SI YO SOY PADRE, ¿DÓNDE ESTÁ MI HONRA?"

Una de las cosas que será radicalmente transformada en la Iglesia del Siglo XXI, es el concepto de ofrenda. Los extremos en éste sentido llegaron a ser abominables en las últimas décadas. Por un lado, la forma miserable en que la gente piensa que se puede acercar a Dios, dándole sus sobras y robándole Sus diezmos.

Por otro, el movimiento de prosperidad en que algunos predicadores erraron el blanco, dándole un enfoque totalmente equivocado en cuanto a lo que es la esencia o el corazón de ofrendar.

Los principios son correctos, "da y recibirás". Lo mismo que, "Dios multiplica los bienes al dador alegre y que Dios quiere que seamos prosperados en todas las cosas". El problema es el espíritu detrás del principio. Cuando una persona da con el único objetivo de ser prosperado, perdió la esencia de ofrendar.

Ofrendar es un acto de honrar a Dios. Es el momento del servicio en que venimos a Dios para darle la honra como Padre y como Rey. La gran mayoría de las veces que Dios habla de ser honrado en la Biblia, tiene que ver con la ofrenda. Tú puedes alabar a alguien y sin embargo, no honrarlo. El dice en el libro de Malaquías.

"El hijo honra al padre, y el siervo a su señor. Si, pues, soy Yo Padre, ¿dónde está mi honra? y si soy Señor, ¿dónde está mi temor? dice Jehová de los ejércitos a vosotros, OH sacerdotes, que menospreciáis mi nombre. Y decís: ¿En qué hemos menospreciado tu nombre? En que ofrecéis sobre mi altar pan inmundo. Y dijisteis: ¿En qué te hemos deshonrado? En que pensáis que la mesa de Jehová es despreciable.

Y cuando ofrecéis el animal ciego para el sacrificio, ¿no es malo? Asimismo cuando ofrecéis el cojo o el enfermo, ¿no es malo? Preséntalo, pues, a tu príncipe; ¿acaso se agradará de ti, o le serás acepto? dice Jehová de los ejércitos.

Habéis además dicho: ¡Oh, qué fastidio es esto! y me despreciáis, dice Jehová de los ejércitos..."   *Malaquías 1:6- 8 y 13*

Dios ha sido impresionantemente despreciado y ofendido en este aspecto de ofrendar; porque la gente está tan centrada en sí misma, que verídicamente piensa que es fastidioso hacerlo. O cae en el otro extremo, y lo convierte en un asunto de inversión financiera, dejando a un lado la honra y la solemnidad debida al Padre.

La ofrenda, si bien es una forma a través de la cual Dios nos bendice, no fue diseñada para que el enfoque fuese nosotros, sino El. Dios nos da el privilegio de poder honrarlo, y ésta es una parte importantísima en que le ministramos a El.

El momento de la ofrenda tiene que ser un momento sublime; no se trata de pasar a recoger el dinero y hacerlo de cualquier forma, como una parte necesaria pero fastidiosa del servicio. ¡No! Dios dice: "Yo honraré a los que me honran y los que me desprecian serán tenidos en poco".

La ofrenda es decirle a Dios con nuestros bienes, que

tanto estamos agradecidos con El, que tanto le honramos y le reconocemos como lo más importante que hay en nuestras vidas. Que lo mejor de nosotros lo recibirá El. Ofrendar es una forma de adoración, en la que realmente lo estamos reconociendo a El, dándole nuestra vida.

El dinero, de alguna manera representa vida. Es el producto de horas de trabajo, de esfuerzos. Simboliza ideas, cosas que anhelamos, bienestar, etc., pero también es el parámetro que Dios usa para medir a quien le entregará las riquezas verdaderas y a quienes no. El dice en Su Palabra:

"El que es fiel en lo muy poco, también en lo más es fiel; y el que en lo muy poco es injusto, también en lo más es injusto. Pues si en las riquezas injustas no fuisteis fieles, ¿quién os confiará lo verdadero? Y si en lo ajeno no fuisteis fieles, ¿quién os dará lo que es vuestro? Ningún siervo puede servir a dos señores; porque o aborrecerá al uno y amará al otro, o estimará al uno y menospreciará al otro..."   *Lucas 16:10-13*

Dios quiere darnos cosas inconcebibles de Su riqueza espiritual y material, así como de Su poder y Su sabiduría. El que entiende lo que es amar a Dios, da todo sin reservas. Le da su vida y con ello todo lo que posee. A estos son a los que Dios honrará, dándoles Su Reino, Su poder, Su honra y Sus riquezas.

Pero aquí, Jesús menciona a otro señor, el cual se llama "Mamón". El es el dios de las riquezas de este mundo. Jesús lo denomina como señor o como amo, porque un amo es alguien a quien se le obedece y se le sirve. Mamón tiene un reino y una estructura terriblemente fuerte con los cristianos.

Este espíritu gobierna en una forma sutil y muy difícil de

detectar por el pueblo de Dios. Desgraciadamente el ignorar sus maquinaciones, es una de las principales causas que nos impiden poseer lo que es nuestro. Su propósito es ser amo, aun de los santos del Altísimo, para así controlar sus vidas y que así Jesús sea aborrecido y menospreciado. ¿Puede Jesús ser odiado y menospreciado por un cristiano? Absolutamente. Esto es lo que el Señor dice que hacemos cuando nos rendimos a las órdenes de Mamón.

Un día el Espíritu Santo me reveló como actuaba este demonio. Me dijo, "Mamón tiene una voz, y habla al pueblo diciéndole: "Yo soy tu amo. Yo controlo tus finan-zas y tus emociones. Yo soy el que te dice que es lo que puedes hacer y lo que no puedes hacer. Yo determino a dónde puedes viajar o si no puedes viajar. Yo decido dónde compras tu ropa, a que restaurantes puedes ir y a cuáles no.

Yo soy el que te dice cómo puedes tratar a los siervos de Dios y qué no te permito hacer por ellos. Yo soy el que decide cuánto puedes dar de ofrenda y cuanto no, o si quiero que des los diezmos o no. Yo decido en que escuela estudian tus hijos, en que hospital puedes llevar a tu familia. Recuerda, yo soy el que hago tu presupuesto y determino lo que puedes y no puedes hacer, porque yo soy tu amo. Cuando tienes que tomar una decisión, yo soy la primera voz que oyes".

"Te atormento con angustia cuando quiero y tengo el poder para usar tu temperamento para afligir también a tu cónyuge; y me gozo viendo cómo te sometes a mí. Me encanta como me obedeces cuando te digo: tú no puedes pagar ese viaje para la conferencia cristiana. O cuándo te ordeno que hagas trampa y te metas clandestinamente al evento. Me fascina que le robes a Dios, por eso controlo tus ofrendas, para que El, nunca pueda tener el control y yo te siga diciendo lo que puedes y no puedes hacer".

"Yo soy el que pone hastío en tu corazón para la ofrenda. Quiero que sigas aborreciendo a Jesús y obedeciéndome a mí. Recuerda, yo soy tu amo y tú me obedeces".

Este monólogo del diablo puede ser tan extenso y escalofriante cómo usted quiera; pero desde luego, revela con claridad, que Jesús no es Señor de la mayoría que canta ¡Aleluya! y le dice a Jesús que lo ama, pero su corazón está gobernado por Mamón.

Jesús fue tan determinante contra este espíritu, que puso por tesorero a un ladrón. ¿Por qué? Porque quería decirle, "Mi Reino no se rige por dinero, sino por el poder de mi Padre. Si tengo necesidad, mando sacar un pez con oro en el vientre. Si el pueblo tiene hambre, multiplico los alimentos. Si hace falta vino, convierto el agua en el mejor de ellos. El dinero no decide lo que Yo puedo hacer o no, sino mi Padre que está en los Cielos".

Jesús recibió muchas ofrendas, porque el PROPÓSITO DE LA OFRENDA ES HONRAR A DIOS, NO SUSTENTAR EL REINO. El Reino de Dios y Su obra se sustenta con el poder sobrenatural de Dios. El poder produce y atrae la riqueza. Dios puede o no usar el dinero para Su obra. Las soluciones y las vías como opera el Reino, no necesariamente van a requerir finanzas.

Muchas ofrendas carecen del poder sobrenatural que debían tener para traer bendición, porque se levantan para cubrir gastos. Jamás la ofrenda de Dios tuvo como diseño cubrir gastos. Siempre fue para honrar al Altísimo, y cuando Él es adorado de esta manera, Él se encarga de pagar los presupuestos.

Ocasionalmente vemos en el Antiguo Testamento, ofrendas voluntarias, para recolectar fondos para edificar el Tabernáculo o el Templo, pero esta nunca fueron "la ordenanza del altar" que es el principio de presentarnos ante Dios honrándole a El. Son dádivas extraordinarias que Dios ciertamente bendijo, lo mismo que las limosnas a los santos y a los pobres.

El Señor se agrada muchísimo del dador alegre, del dador desprendido y altruista; y estos, siempre caminarán en la bendición grande de Dios. Mi enfoque en estas líneas es que, la honra perdida en la ofrenda vuela a tener lugar.

OTRAS OBRAS RECOMENDADAS POR LA DRA. ANA MENDEZ FERRELL

EL OSCURO SECRETO DE G.A.D.U.
Dra. Ana Méndez Ferrell (2009)

LA INIQUIDAD
Dra. Ana Méndez Ferrell
Versión renovada y mejorada (2010)

REGIONES DE CAUTIVIDAD
Dra. Ana Méndez Ferrell
Versión revisada (2010)

GUERRA DE ALTO NIVEL
Dra. Ana Méndez Ferrell
Versión revisada (2010)

COMED DE MI CARNE, BEBED DE MI SANGRE
Dra. Ana Méndez Ferrell (2008)

SUMERGIDO EN EL
Emerson Ferrell (2009)

IMMERSED IN HIM
Emerson Ferrell (2009)
Versión en inglés